NADINE BREATY

ONLY KIND OF
BROKEN

NADINE BREATY

ONLY KIND OF
BROKEN

ACHTUNG!

In diesem Buch geht es um die psychische Gesundheit. Es werden auch Themen besprochen, die als Trigger wirken können, u. a. Depression, Angststörungen, selbstverletzendes Verhalten und Suizid. Die Inhalte sind ausschließlich zu Informationszwecken bestimmt und kein Ersatz für die Beratung und Behandlung durch professionell ausgebildete und anerkannte Fachärzt*innen.

Wenn es dir nicht gut geht – vor allem über eine längere Zeit –, nimm auf jeden Fall professionelle Hilfe an! Die erste Anlaufstelle dafür ist ärztliches Fachpersonal. Die Suche nach einer therapierenden Person, mit der du dich gut verstehst und die zu dir passt, kann zwar etwas Zeit in Anspruch nehmen, aber es lohnt sich.

ANLAUFSTELLEN
Die Nummer gegen Kummer
Für Kinder, Jugendliche, junge Erwachsene:
Per Telefon: 116 111, per Mail und Chat unter https://www.nummergegenkummer.de/
kinder-und-jugendberatung/online-beratung
Für Eltern: 0800-111 0 550

Die TelefonSeelsorge®
Per Telefon unter 0800-111 0 111, 0800-111 0 222 oder 116 123, per Mail und Chat unter
https://online.telefonseelsorge.de

Lokale Anlaufstellen
In einigen Städten gibt es speziell eingerichtete Sorgen- bzw. Krisentelefonnummern
oder Beratungsstellen.

DISCLAIMER
Alle Angaben in diesem Buch wurden von Autorin und Verlag nach aktuellem Wissensstand erarbeitet und geprüft. Dennoch erfolgen alle Angaben ohne Gewähr. Die in diesem Buch enthaltenen Informationen sind weder völlig umfassend noch verbindlich.

VORWORT

Hey du, mein Name ist Nadine Breaty und ich bin Social Media Creator. Öffentlich teile ich meine Geschichte mit den Themen Mobbing und Borderline-Persönlichkeitsstörung und rund um meine Erbkrankheit Piebaldismus. So möchte

ich in den sozialen Medien auf das Thema der psychischen Gesundheit aufmerksam machen. Denn ich bin selbst betroffen: Mit 19 Jahren habe ich mich so sehr selbst gehasst, dass ich mir das Leben nehmen wollte.

Jedes Jahr sterben weltweit mehr als 700.000 Menschen durch Suizid. Das sind 700.000 zu viel. Wie viele hätte man retten können, wenn man ihre Sorgen und Probleme ernst genommen hätte? Was, wenn wir psychische Krankheiten nicht mehr als Tabuthema begreifen, sondern offen darüber sprechen?

Falls du mich noch nicht kennst, dann danke ich dir für dein Vertrauen. Vielleicht hast du dir dieses Buch gekauft, weil du dich mehr mit psychischer Gesundheit beschäftigen oder dich weiterentwickeln möchtest. Ich finde mich auch oft in dieser Situation wieder und suche in der Buchhandlung nach Büchern, die mir helfen, meine Probleme zu verstehen oder mein Leben zu verbessern. Da sind wir also schon mal zu zweit. Ich habe immer davon geträumt, meine Geschichte und Erfahrungen zu teilen und jemandem damit vielleicht zu helfen. In diesem Buch bin ich wie eine große Schwester, die dir Lebenstipps gibt. Es soll dir eine Stütze sein auf deinem Weg zu dir selbst.

MEINE GESCHICHTE & REISE ZU MIR SELBST

»Du bist komisch! Du bist hässlich! Du bist anders.«
Sätze, die ich sehr oft im Laufe meines Lebens hören musste.

Weiße und braune Flecken bedecken meinen Körper, eine weiße Strähne kommt in meinem braunen Haar zum Vorschein. Wer das nicht kennt, findet das vielleicht komisch oder abschreckend. Die Erbkrankheit Piebaldismus begleitet mich seit meiner Geburt. Ein Teil meiner Familie hat diese Krankheit auch, zum Beispiel mein Vater. Er hat mich immer bestärkt, dass ich mich nicht verstecken muss. Piebaldismus ist nicht schmerzhaft, meine Haut sieht nur anders aus. Ich finde es nicht störend – andere aber schon. Die angewiderten Blicke, wenn ich keine langen Hosen trug, taten mir sehr weh.

Weil ich für viele Menschen in meiner Umgebung sowieso »die Komische« war, zog ich daraus eine große Stärke. Ich habe mich nie gern angepasst oder mich

Gruppenzwang unterworfen. So entwickelte ich mich zu einer Person mit einer starken Meinung – das mochte nicht jede*r. 2014 fing ich dann mit Instagram an und hatte damit plötzlich Erfolg. In der Schule wurde ich erst bejubelt, aber je mehr die Zahlen stiegen, umso größer wurde die Eifersucht. Meine Mitschüler*innen schossen heimlich Fotos, veröffentlichten private Daten und gründeten WhatsApp-Gruppen – nur um über mich zu lästern. Im Internet ging das Mobbing weiter. Über fünfzig Hate-Pages wurden erstellt, auf denen man mich demütigte und Lügen über mich verbreitete. Der Druck wurde zu groß und ich stoppte meine Social-Media-Aktivitäten. Trotzdem hielt mich etwas davon ab, meine Accounts zu löschen.

Ich wurde immer schlechter in der Schule und mein Selbstwertgefühl sank. Mein Klassenlehrer schaffte es zwar, dass das harte Mobbing aufhörte, aber die Situation blieb dennoch schlimm. Zu diesem Zeitpunkt lernte ich meinen Ex-Freund kennen, der sich als toxisch und gefährlich herausstellen sollte. Er war die einzige Person, die noch für mich da war. Genau das nutzte er aus. Er verbot mir, die Kleidung anzuziehen, die ich mochte, meine Lieblingsmusik zu hören oder soziale Kontakte zu haben. Nach dem Ende der Beziehung fühlte ich mich wertlos und hässlich. Ich hasste mich zutiefst und war davon überzeugt, nicht liebenswert zu sein. Die Misserfolge in der Schule verschlimmerten meine emotionale Lage – ich schwor mir, mich selbst umzubringen, falls ich das Abitur nicht schaffen würde.

Aber ich schaffte mein Abitur. Trotzdem war ich emotional so erschöpft, dass ich in eine tiefe Depression fiel. Anders als gedacht, war ich nicht glücklich über meinen Erfolg. Stattdessen verließ ich monatelang mein Zimmer nicht, aß nicht, duschte nicht und kümmerte mich nicht um mich selbst. Nichts hatte für mich mehr einen Sinn. Täglich verletzte ich mich selbst, so sehr hasste ich mich. Nach einem Suizidversuch an meinem 19. Geburtstag beschloss ich, dass es so nicht weitergehen konnte. Endlich wandte ich mich an einen Psychiater und wurde in eine Klinik eingewiesen.

Drei Monate lang blieb ich dort und lernte, mich wieder selbst zu lieben. Die Zeit dort hat mir ein neues Leben geschenkt. Ich bekam eine Diagnose: Borderline-Persönlichkeitsstörung. Jetzt musste ich neu lernen, wie ich meine Gedanken und Gefühle kontrollieren kann. In der Klinik bekam ich Werkzeuge an die Hand, um wieder ein schönes und erfülltes Leben führen zu können. 2020, mitten in der Corona-Pandemie, fing ich wieder mit Social Media an. Heute ist es mein Beruf.

Die Steine, die mir in den Weg gelegt worden sind, haben mein Mindset geformt. Die Herausforderungen haben mich stark gemacht, sodass ich den Druck aushalten und daraus sogar neue Energie gewinnen konnte. Endlich glaube ich wieder an mich. Diese Kraft an andere weiterzugeben, aus einer vermeintlichen Schwäche eine Stärke zu machen – das ist meine Message. Ich möchte den Menschen über Social Media Mut machen, wenn sie sich ausgeschlossen fühlen oder nicht in den Rahmen passen. Auch mein Buch soll dabei helfen, Selbstzweifel abzubauen.

Wichtig: Wenn du Probleme hast und dich die Inhalte in diesem Buch belasten, sprich unbedingt mit jemanden darüber! Auf Seite 4 findest du Anlaufstellen, wenn du nicht weißt, an wen du dich wenden sollst. Pass auf dich auf!

Willkommen auf dieser gemeinsamen Reise!

An diesem Schmetterling erkennst du die Seiten, auf denen ich dir meine ganz persönlichen Erfahrungen, Erlebnisse und Meinungen zu dem jeweiligen Thema erzähle.

KAPITEL 1

SCHÄTZE & LIEBE DICH *FÜR ALLES, WAS DU BIST*

LERNE DICH KENNEN!

*DEIN WERT
LIEGT DARIN,*
WER DU BIST,
*NICHT IN DEM,
WAS DU
ALLES HAST.*

THOMAS EDISON

LASS UNS GEMEINSAM REISEN

Sich selbst kennenzulernen ist eine lange Reise. Manchmal erscheint sie endlos oder sehr schwierig, aber sie lohnt sich immer! Meine Reise begann vor einigen Jahren. Der erste Schritt war, loszulassen. Ich habe mich von meinen Gedanken daran, was andere wohl von mir halten könnten, verabschiedet. Meine Meinung über mich selbst ist wichtiger als die Meinung anderer Menschen. Ich habe mich bewusst mit Menschen umgeben, die mir guttun und die mir ähnlich sind. Selbstbewusstsein habe ich bekommen, als ich anfing, mich selbst wirklich zu mögen.

Nur du allein kannst wissen, wie wertvoll du bist. Lass dich von negativen Kommentaren nicht abbringen und mach dich auch auf deine Reise. Sei stolz auf die Dinge, die du cool findest, und lass sie dir von niemandem ausreden. Du darfst auf dich und deine Erfolge stolz sein und du darfst dich selbst mögen. Kein Mensch kennt dich besser! Und selbst, wenn du noch nicht weißt, wer du sein möchtest, ist das kein Problem. Probier dich aus, übernimm Verantwortung für dich selbst. Es braucht Zeit, um dich selbst kennenzulernen. Auch meine Reise ist noch lange nicht vorbei.

WARUM ES WICHTIG IST,
ZU WISSEN, WER MAN IST

Wer bin ich? Was macht mich aus? Gar nicht so einfach, diese Fragen zu beantworten – mit 15 nicht, mit 25 oder 35 auch nicht! Das ist das Schöne am Sich-selbst-Kennenlernen: Es passiert jeden Tag, mit jeder Lebenserfahrung immer wieder neu. Und es ist wichtig, um selbstbewusst und mit positiver Ausstrahlung durchs Leben zu gehen. In diesem Kapitel geht es um Fragen wie: Welche Werte sind mir wichtig? Welche Charaktereigenschaften mag ich besonders an mir, welche vielleicht weniger? Was hat mich in meinem Leben bisher geprägt? Was haben die Erfahrungen mit mir gemacht? Was macht mich einzigartig – nicht nur für mich selbst, sondern auch für die Menschen, die mich lieben? Solche Fragen und die Suche nach Antworten darauf können dir helfen, herauszufinden, wofür du eigentlich stehst und was deine Persönlichkeit ausmacht. Wie es im Leben immer ist: Das Lernen hört nie auf – du wirst dich immer wieder in bestimmten Situationen neu kennenlernen, Dinge tun, von denen du niemals gedacht hättest, sie tun zu können, oder Erfahrungen sammeln, die bestimmte Denkmuster oder Werte auf einmal infrage stellen. Das alles trägt dazu bei, dich einzigartig zu machen, dein Leben besonders zu machen – nicht umsonst sind ja nicht alle Menschen gleich. Lass dich ein auf das Leben und darauf, was es mit dir vorhat, sei dir dabei deiner Stärken und Schwächen bewusst und bleib immer offen für Neues. So lernst du jeden Tag etwas mehr über den liebsten Menschen für dich – dich selbst!

DEIN EINZIGARTIGER
CHARAKTER

WELCHE EIGENSCHAFTEN MACHEN DICH AUS?

Kreise ein, welche Charaktereigenschaften
am meisten auf dich zutreffen!

freundlich

selbstbewusst

lustig

neugierig

perfektionistisch

emotional

leichtsinnig

verständnisvoll

launisch

nachdenklich

schüchtern

ungeduldig

spontan

hilfsbereit

zuverlässig

kreativ

organisiert

egoistisch

WIE NEHMEN DICH ANDERE MENSCHEN WAHR?

Was denkst du? Welche Charaktereigenschaften würden deine Liebsten dir zuordnen?

freundlich

selbstbewusst

lustig

neugierig

perfektionistisch

emotional

leichtsinnig

verständnisvoll

launisch

nachdenklich

schüchtern

ungeduldig

spontan

hilfsbereit

zuverlässig

kreativ

organisiert

egoistisch

WO STEHST DU GERADE?

BESTANDSAUFNAHME

Wo stehst du gerade? Was trifft auf dich und deine
aktuelle Situation zu? Kreuze an!

	Trifft noch nicht zu.	Ich bin mir nicht sicher.	Trifft zu!
Ich bin glücklich.	▨	▨	▨
Ich weiß, wer ich bin.	▨	▨	▨
Ich mag mich so, wie ich bin.	▨	▨	▨
Ich arbeite an mir.	▨	▨	▨
Ich nehme mir Zeit für mich selbst.	▨	▨	▨
Ich weiß, was ich tun kann, wenn es mir nicht so gut geht.	▨	▨	▨
Ich glaube an mich selbst.	▨	▨	▨
Ich habe wahre Freunde.	▨	▨	▨

REMEMBER
WHERE YOU
STARTED

	Trifft noch nicht zu.	Ich bin mir nicht sicher.	Trifft zu!
Ich gehe aktiv meinen Hobbys nach.	▨	▨	▨
Ich fühle mich zu Hause sicher.	▨	▨	▨
Ich habe ein gutes Verhältnis zu meinen Eltern.	▨	▨	▨
Ich habe ein Ziel, nach dem ich strebe.	▨	▨	▨
Mein Beruf erfüllt mich.	▨	▨	▨
Meinen Alltag bekomme ich gut bewältigt.	▨	▨	▨
Ich kann gut zur Ruhe kommen.	▨	▨	▨
Ich weiß, wie ich mit meinen Gefühlen umgehen kann.	▨	▨	▨

ZEITSTRAHL

Erinnere dich an die Highlights und Tiefpunkte der letzten fünf Jahre. Schreibe deine guten Zeiten oben und die weniger guten unten hin. Verbinde dann das Ereignis mit einem Strich auf dem Strahl und ordne damit ein, wann es stattgefunden hat. Wenn du mehr Platz brauchst, nimm dir ein großes Blatt Papier dazu.

VOR FÜNF JAHREN, AM:

_____

Highlights /
gute Zeiten

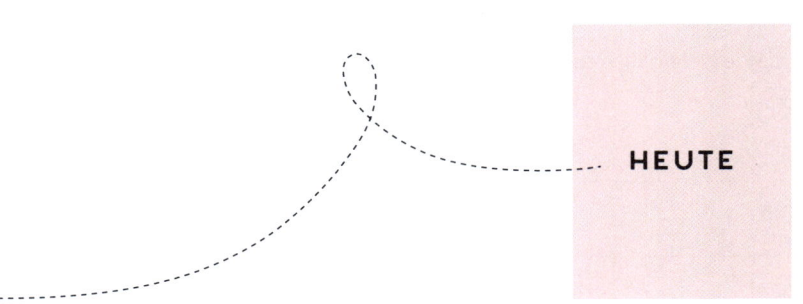

HEUTE

Tiefpunkte /
schlechte Zeiten

ZEITSTRAHL – REFLEXION

HIGHLIGHTS/GUTE ZEITEN

Auf welche Highlights oder Erfolge in den letzten fünf Jahren bist du besonders stolz?

_____

Welche Highlights oder Erfolge der letzten Jahre kannst du jetzt besser schätzen als damals?

_____

Wie haben dich die Highlights oder Erfolge persönlich und/oder beruflich vorangebracht?

_____

_____

Wie würdest du deinem Vergangenheits-Ich zu einem besonderen Erfolg oder Ereignis gratulieren?

_____

_____

Motivieren dich Erfolge oder eher Misserfolge?

TIEFPUNKTE / SCHLECHTE ZEITEN

Was hättest du dir an den Tiefpunkten gewünscht?

Was würdest du deinem Vergangenheits-Ich aus heutiger Sicht raten?

Wie bist du mit diesen Tiefpunkten umgegangen?

Was hast du aus diesen Tiefpunkten gelernt?

Würdest du dir wünschen, etwas wieder ungeschehen
machen zu können?

WAS MACHT DEIN
LEBEN WERTVOLL?

Werte drücken aus, welche Vorstellungen du für dein Leben hast. Wenn du dich selbst besser verstehen möchtest, ist es sehr hilfreich zu wissen, woran du dich orientieren kannst. Werte sind nicht angeboren, sondern entwickeln sich im Laufe deines Lebens durch Umfeld, Familie, Beziehungen, Partnerschaften, den Beruf usw. Sie können sich auch verändern. Oftmals nehmen wir uns ein Beispiel an Vorbildern und ahmen die Werte dieser Person(en) nach. Doch es ist für deine Entwicklung sehr wichtig, dass du klar festlegen kannst, welche ganz speziell für dich wichtig sind – und welche nicht.

Werte kannst du in Bezug auf deine Person, aber auch in Bezug auf deine Freund*innen oder die Gesellschaft haben.

Wofür solltest du deine Werte kennen? Werte erleichtern dir deine Sinnsuche. Sie geben dir eine Orientierung, welche persönlichen Ziele du verfolgen möchtest, wie du mit Herausforderungen umgehen willst und welche Menschen zu dir passen. Gerade in Beziehungen zu anderen Menschen sind gemeinsame Werte die Grundlage eines gesunden Zusammenlebens. Aus deinen Werten ergeben sich deine Denkmuster, Glaubenssätze und Charaktereigenschaften. Aus diesen wiederum entstehen deine Handlungen.

Auf der nächsten Seite findest du einige Beispiele für Werte. Wie du sehen kannst, gibt es unter ihnen sowohl materielle als auch nicht materielle Punkte. Finde heraus, was für dich die wichtigsten sind! Das müssen nicht nur diejenigen sein, die du bereits auslebst, es dürfen auch welche sein, denen du unbedingt nachgehen möchtest und die dich noch herausfordern.

DEINE WERTE

Kreise deine fünf wichtigsten Werte ein!

Abenteuer	Nachhaltigkeit
Achtsamkeit	Offenheit
Authentizität	Ordentlichkeit
Dankbarkeit	Respekt
Ehrlichkeit	Ruhe
Empathie	Selbstliebe
Freiheit	Sicherheit
Freundschaft	Solidarität
Frieden	Sparsamkeit
Fröhlichkeit	Spaß
Geduld	Teamgeist
Gelassenheit	Teilen
Gerechtigkeit	Toleranz
Gesundheit	Treue
Harmonie	Unabhängigkeit
Hilfsbereitschaft	Verantwortung
Hoffnung	Verlässlichkeit
Humor	Vertrauen
Kreativität	Willenskraft
Leichtigkeit	Wissen
Leidenschaft	Zielstrebigkeit
Liebe	Zuverlässigkeit
Motivation	Zuversicht
Mut	

LEBE DEINE WERTE
SCHON HEUTE!

Es kann sein, dass du beim Einkreisen deiner Werte den Gedanken bekommen hast, dass sie mit höheren Zielen verbunden sind und du sie deswegen jetzt noch nicht ausleben kannst. Vielleicht dachtest du dir: »Erst, wenn ich … erreicht habe oder besitze, kann ich den Wert wirklich leben.« Wie unglaublich schade, wenn das wirklich so wäre! Mit ein bisschen Kreativität kannst du schon heute deine Werte ausleben – auch mit kleinen Dingen.

Kannst du deine Werte in deiner Tätigkeit ausleben? Wenn einer deiner Werte z. B. Wissen ist, stelle dir die Frage, ob du in deiner aktuellen Tätigkeit viel Neues lernst oder Dinge erfährst, die dich interessieren. Um dein Wissen zu erweitern, kannst du z. B. zu deinem Lieblingsthema Videos anschauen, Podcasts hören, Bücher lesen, an einem Onlinekurs teilnehmen oder Museen besuchen.

Kannst du deine Werte durch deine Hobbys ausleben? Wenn nicht, dann suche dir Gleichgesinnte und verlasse deine Komfortzone! Lerne neue Menschen kennen, zum Beispiel in Tanz- oder Töpferkursen, in Volleyballteams, Buchclubs oder (Online-)Spiele-Gruppen – bestimmt ist auch für dich etwas dabei.

Hast du bereits konkrete Pläne, wie du deine Werte besser in dein Leben integrieren kannst? Dir ist z. B. Gerechtigkeit oder Hilfsbereitschaft wichtig? Dann schau dich doch mal bei den gemeinnützigen Organisationen in deiner Stadt um – Hilfe wird immer gebraucht!

DAS IST MIR WICHTIG

Ich finde Menschen cool, die wissen, wer sie sind und was ihnen wichtig ist. Menschen, die die gleichen Werte teilen, passen häufig sehr gut zueinander. Meine Werte habe ich erst mit der Zeit kennengelernt und sie haben sich im Laufe der Jahre auch verändert – vor allem durch meine Erfahrungen mit der Schule, mit Fehlern und Problemen, aber auch in der Auseinandersetzung mit meinen Gefühlen. Folgende Werte habe ich für mich definiert:

Ich bin meine eigene beste Freundin und passe auf mich und meinen Körper auf. Ich schlafe genug und esse jeden Tag ausreichend.

Ich verbringe viel Zeit mit meiner Familie, die mir sehr wichtig ist.

Ich gehe respektvoll mit jedem Menschen um.

Ich besitze nur die Dinge, die ich mag.

Ich bin immer ehrlich.

Ich bin tolerant.

Ich bin Optimistin.

Ich bin wertschätzend.

Ich gebe viel und erwarte wenig.

Ich gebe denen etwas, die weniger haben als ich.

Ich setze klare Grenzen und respektiere die Grenzen anderer.

Ich stelle meine Interessen an erste Stelle, weil es meine Lebenszeit ist.

Ich schenke mir Ruhe und Gelassenheit durch Ordnung in meinem Leben.

Ich glaube an mich selbst und bin überzeugt, dass ich alles schaffen kann, was ich mir vornehme.

Ich bin für Menschen da, die meine Hilfe brauchen.

Ich übernehme Verantwortung für mein Leben.

Ich habe keine Angst vor Veränderungen.

Ich esse kein Fleisch mehr.

TURN YOUR WEAKNESS INTO A STRENGTH!

ICH BIN, WIE ICH BIN!

Meine Pigmentstörung und meine weißen Haare machen mich anders. Ich entspreche damit nicht dem Idealbild, das wir überall sehen. Social Media, das Fernsehen oder Magazine sagen uns, was angeblich schön ist. Aber kaum jemand entspricht überhaupt diesem Ideal. Noch ist es in unserer Gesellschaft so, dass Anderssein oft nichts Gutes ist und man deshalb ausgegrenzt oder sogar gemobbt wird. Auch ich denke oft, ich sei zu dick oder dass meine Nase nicht hübsch ist.

Aber eigentlich gibt es gar keinen Grund für Selbstzweifel. Ich persönlich fand schon immer Menschen interessant, wenn sie anders waren oder nicht viel auf die Meinung anderer Menschen gaben. Es ist ein großes Stück Freiheit, einfach man selbst zu sein und keinem Ideal hinterherzulaufen. Wenn wir ehrlich sind, brauchen wir auch keine zweite Angelina Jolie oder Kendall Jenner. Ich sag mir immer: Es gibt einen Grund, warum wir so aussehen, wie wir aussehen, die Seele hat sich diesen Körper ausgesucht, weil sie ihn am schönsten fand. Es gibt keinen Menschen auf dieser Welt, der – sowohl innerlich als auch äußerlich – genauso ist wie du.

Viele Menschen haben Angst davor, einfach so zu sein, wie sie sind. Doch wenn man sich verstellt, dann entfernt man sich weiter vom wahren Ich. Und so entsteht noch mehr Angst davor, das wahre Ich zu zeigen und zu sein, wie man eigentlich ist. Wir verstecken uns hinter Filtern oder laufen Trends hinterher. Was viele Menschen wohl dadurch verpassen, dass sie sich nie zeigen, weil andere das peinlich finden könnten? Das Leben ist zu kurz, um sich zu verstecken und nicht die Dinge zu tun, die einen glücklich machen.

Du brauchst dich für niemanden zu verändern, nur, um zu gefallen. Anderssein macht die Welt bunter und schöner. Anderssein bringt uns weiter. Du bist gut so, wie du bist!

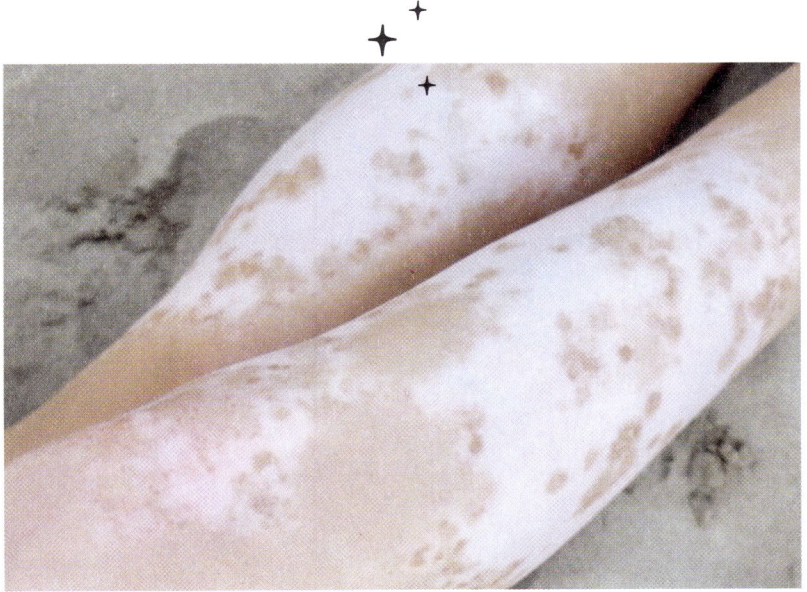

DEINE »SPECIALS«

Stell dir vor, du bist die Figur in einem Roman. Wie würdest du als Autor*in diese Figur beschreiben, damit man sie sich möglichst genau vorstellen kann? Was hat die Figur für besondere äußerliche Merkmale, auf die sie stolz ist oder mit denen sie vielleicht manchmal hadert, wie redet und bewegt sich die Figur, wie verhält sie sich in ihrer aktuellen Tätigkeit im Gegensatz zu Treffen mit Freunden, was für Ticks hat die Figur?

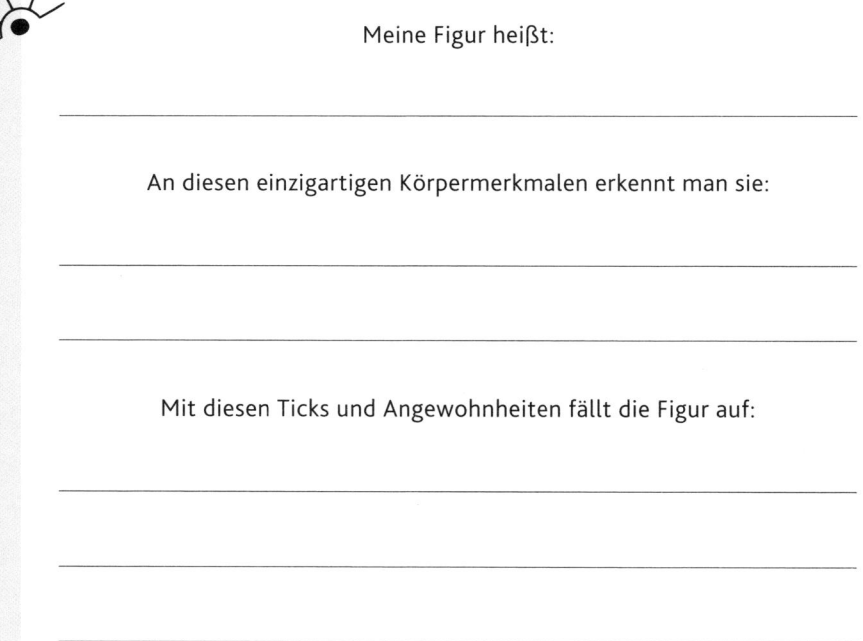

Meine Figur heißt:

_____

An diesen einzigartigen Körpermerkmalen erkennt man sie:

_____

_____

Mit diesen Ticks und Angewohnheiten fällt die Figur auf:

_____

_____

_____

Diese Charaktereigenschaften und Wesenszüge werden auf der
ersten Buchseite beschrieben:

_____

_____

_____

So unterscheidet die Figur sich von ihren Freund*innen:

_____

_____

_____

Versuche, deine Figur zu skizzieren! Ob kompletter Körper,
Kopf oder ein Spezialdetail bleibt dir überlassen.

Denk daran: »Anders« zu sein ist etwas Tolles!
Du bist einzigartig und das macht dich aus!

KAPITEL 2

KOMME DEINEM ZIEL JEDEN TAG EIN STÜCKCHEN NÄHER

ÜBER SELBSTLIEBE, GLAUBENSSÄTZE UND ZIELE

✦

VERSUCHE NICHT
BESSER ZU SEIN
ALS ANDERE.
*VERSUCHE
BESSER ZU SEIN,
ALS DU ES
GESTERN WARST.*

SELBST-
LIEBE

Ab wann sind wir gut genug? Diese Fragen haben wir uns sicher alle schon einmal gestellt. Aber wer oder was legt überhaupt fest, ob wir gut genug sind? Die
Noten in der Schule? Die Anzahl der Likes und Follower auf Social Media? Wie
viel Geld wir besitzen? Oder die Meinung anderer?

Jahrelang habe ich mich unsicher gefühlt – habe ich die perfekte Nase oder die
richtige Figur? Das hat dazu geführt, dass ich nicht mehr an den Strand gegangen bin, denn ich glaubte, dass mich niemand schön findet. Durch die Medien
wird uns eingeredet, dass wir nicht gut genug sind, wenn wir nicht einem Ideal
entsprechen – immer besser, schöner und perfekter. Dabei ist es unmöglich,
dieses Ideal zu erreichen. Wir vergleichen uns trotzdem damit und kommen in
Unfrieden mit uns selbst.

Selbstliebe hat bei mir damit angefangen, dass ich realisiert habe, was mein
Körper alles tut, damit ich am Leben bin und es mir gut geht. Er gibt sein Bestes, um Wunden zu heilen und mich wieder gesund zu machen. Er ist immer für
mich da und der Grund, warum ich existiere. Durch ihn kann ich laufen, lesen,
sprechen und fühlen. So etwas darf ich nicht schlechtreden – im Gegenteil! Also
änderte ich meinen Glaubenssatz. »Du bist nicht gut genug« wurde zu »Du bist
gut – genau so, wie du bist«. Kleine Worte mit großer Wirkung.

Du kannst dich heute dafür entscheiden, endlich gut genug zu sein. Du musst vorher keinem Ideal entsprechen, die perfekte Nase oder die beste Figur haben. Wenn du dich heute dafür entscheidest, für dich und für andere gut genug zu sein, dann wirst du es auch automatisch. Confidence is the key. Es ist eine große Freiheit, ohne Bewertung durch die Welt zu gehen, im Einklang mit dem eigenen Körper zu sein und sich so schön zu finden, wie man geboren wurde.

Du warst schon immer gut genug und du wirst es auch immer sein. Selbstliebe fängt an mit deiner Entscheidung und nicht mit deinem Traumkörper!

SELBSTLIEBE-IMPULSE

Es ist nicht immer leicht, sich selbst zu akzeptieren und zu seinem Körper zu stehen – besonders, wenn man mitten in der Pubertät steckt und sich gefühlt jeden Tag etwas ändert. Da hat man erst einmal so gar keine Ahnung, wo die Reise hingeht. Die gute Nachricht: Man kann schon einiges dafür tun, mit sich selbst ins Reine zu kommen – und zu bleiben! Wer sich in seiner Haut wohlfühlt, strahlt das nach außen hin aus und bekommt das auch zurückgespiegelt. Dabei geht es nicht darum, eingebildet zu sein und auf andere herabzuschauen. Wer sich selbst liebt, kennt seine Stärken und Schwächen, erkennt diese an und vergleicht sich nicht mit anderen – und andere nicht mit einem selbst.

SPIEGLEIN, SPIEGLEIN ...

Wie du dein Äußeres wahrnimmst, hast du selbst in der Hand: Suchst du nur nach (scheinbaren!) Makeln? Drehe doch mal den Spieß um und notiere dir drei Dinge, die dir an deinem Körper besonders gut gefallen!

ERKENNE DEINE STÄRKEN UND SCHWÄCHEN AN!

Wenn du weißt, was du gut kannst und was nicht so dein Ding ist, bleibst du leichter im Gleichgewicht. Du musst nicht alles können – nicht jede*r kann alles! Ständiges Vergleichen stresst und bringt dich am Ende kein Stück weiter. Konzentriere dich auf deine Stärken, indem du sie gezielt einsetzt, baue sie aus und feiere deine Erfolge! Was sind deine drei größten Stärken?

REFLEKTIERE DEINE GLAUBENSSÄTZE!

Wie wir auf Seite 46 lernen werden, haben wir schon als Kind Regeln gehört, die wir als normal akzeptiert und für unser Leben angenommen haben. Finde dort heraus, was deine Glaubenssätze sind, hinterfrage, ob sie der Wirklichkeit entsprechen, und löse sie gegebenenfalls auf – ein weiterer Schritt auf dem Weg zu dir selbst.

TUE DIR ETWAS GUTES!

Vergiss bei all deinen Terminen und mit Blick auf deine To-do-Liste nicht dich selbst! Plane dir Zeit für dich ein und tue etwas nur für dich. Einfach mal bewusst tief ein- und ausatmen, eine Pause machen, sich mit einer Badewannen-Session verwöhnen – auch das ist Selfcare (mehr Ideen findest du auf Seite 158). Was möchtest du dir Gutes tun?

_____

_____

IN GUTER GESELLSCHAFT

Umgib dich mit Menschen, die dir guttun, die dich wertschätzen und so annehmen, wie du bist. Es bringt nichts, dich zu verbiegen, um jemand anderem zu gefallen. Du musst nichts Besonderes leisten, um geliebt zu werden. Welche drei Personen tun dir gut?

_____

_____

TIPPS FÜR MEHR
SELBSTBEWUSSTSEIN

S tark und mit erhobenem Kopf den Alltag schaffen, nebenbei noch im Freundeskreis die Entertainerin sein und in Schule oder Beruf sowieso genau wissen, wo es langgeht ... Ja, es gibt solche Menschen – nicht nur in der Werbung, auch im realen Leben. Du kannst dir aber sicher sein, dass auch selbstbewusste Menschen Tage haben, an denen sie zweifeln und es einfach nicht rundläuft. So geht es eben uns allen mal. Damit solche Tage sich nicht häufen, sondern wir selbstbewusst Probleme angehen und lösen können, statt über ihnen zu verzweifeln, können wir mit einigen Mitteln für eine positive Grundstimmung sorgen.

KOMM IN DIE SELBSTAKZEPTANZ!

Das Wort »Selbstliebe« ist zu einem Trendwort geworden. Daran ist nichts falsch, es liegt nur für viele von uns eine große Schwere auf dem Wort »Liebe«. Im ersten Schritt ist es deswegen hilfreich, wenn du lernst, dich selbst okay zu finden und zu akzeptieren, wie und wer du bist. Diese Einstellung strahlst du aus und bekommst dementsprechend positives Feedback zurück.

HÖR IN DICH HINEIN!

Dein Körper leistet viel für dich und gibt dir Impulse, wenn etwas nicht stimmt. Er sagt dir meistens deutlich, was er braucht oder will. Checke tagsüber immer mal wieder, wie du dich fühlst, welche Bedürfnisse du hast und was du gerade brauchst. Wenn du dich in deinem Körper wohlfühlst, wirkst du automatisch selbstbewusster.

ACHTE AUF DEINE HALTUNG!

Gesenkter Kopf, krummer Rücken und ein schlurfender Schritt senden nicht gerade selbstbewusste Signale aus – weder an dich selbst noch an die Menschen, die dir begegnen. Auch, wenn du es vielleicht noch nicht für dich übernommen hast oder fühlst, probiere mal Folgendes aus: Richte dich auf, straffe deine Schultern und halte den Kopf hoch – das wirkt schon völlig anders. Fühle, was ein Haltungswechsel mit dir macht!

VERSUCHE ES MIT EINEM LÄCHELN

Mit dem Einsatz von ein paar Gesichtsmuskeln kannst du im Kleinen dein Selbstbewusstsein trainieren! Lächle deinem Gegenüber zu – egal, wer es ist! In der Bahn, in der Fußgängerzone, beim Einkaufen … Erstens erzeugt allein schon der Vorgang des Lächelns bei dir selbst einen kurzen, positiven »Blitz«, und zweitens werden die meisten Menschen, denen du ein Lächeln schenkst, zurücklächeln – und noch einmal einen positiven »Blitz« auslösen. Ja, dann bist du gemeint, wirst wahrgenommen und das auch noch mit einer positiven Verbindung!

RAUS AUS DEM SCHNECKENHAUS!

Klar, in der persönlichen Komfortzone ist es gemütlich – aber es passiert leider auch nicht mehr als das, was du bisher von dir kennst. Das Leben braucht Veränderungen, sonst wäre es ja auch langweilig. Überlege, was dir Spaß machen und dich gleichzeitig etwas fordern würde: ein neuer Kleidungsstil, ein Musikinstrument lernen, einen Malkurs besuchen, einem fremden Menschen zulächeln, vielleicht auch Verantwortung in einem Ehrenamt übernehmen – Hauptsache, du gehst unter Menschen und erfährst Wertschätzung für das, was du tust. So kannst du stolz auf dich und das Erreichte sein – und baust so dein Selbstbewusstsein aus.

DEIN KÖRPER & DU

Zeichne ein, welche Körperteile oder Stellen du am liebsten
magst und welche für dich besonders sind.

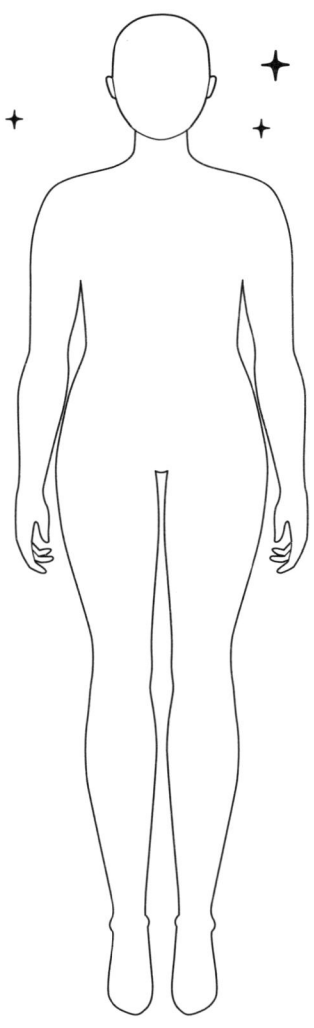

LIEBESBRIEF AN DICH

Was liebst du an dir? Wofür bist du dir dankbar? Mache dir
selbst Komplimente und schätze dich wert!

Liebes Ich, _____

_____

_____

_____

_____

_____

_____

_____

_____

_____

_____

_____

DIE KRITISCHE
STIMME IN UNS

Kennst du das auch? Das Gefühl, eine Stimme im Kopf zu haben, die an dir permanent etwas auszusetzen hat? Die dir sagt, dass du nicht gut genug bist. Dieses tun und jenes lassen sollst. Oder nicht irgendwelchen optischen Idealen entsprichst. An allem hat diese innere kritische Stimme etwas auszusetzen, nie kannst du es ihr recht machen. Das kann ganz schön lästig sein! Dann ist es gut zu wissen: Dieser Teil in dir will nur dein Bestes.

SIE MEINT ES NICHT SO —
KRITISCHE STIMME UND SELBSTSCHUTZ

Obwohl ihr Gemecker demotivierend wirkt – ihr geht es keineswegs darum, dich zu sabotieren. Im Gegenteil: Sie möchte dich beschützen, zum Beispiel vor Niederlagen oder Verletzungen, kurz: vor unangenehmen Gefühlen. Allzu ernst solltest du sie nicht nehmen, denn in ihrem Bestreben, uns zu helfen, schießt sie gerne mal übers Ziel hinaus. Was auffällig ist: Sie meldet sich vor allem dann zu Wort, wenn uns etwas besonders wichtig ist, wir nach Perfektion streben. Eigentlich spiegelt sie nur unsere geheimen Ängste wider, einer Aufgabe nicht gewachsen, nicht anerkannt und erfolgreich zu sein. Was natürlich längst nicht heißt, dass wir etwas wirklich nicht schaffen würden.

SO GEHST DU MIT IHR UM

Wie du mit den ständigen Nörgeleien deiner inneren kritischen Stimme umgehen kannst? Bedanke dich bei ihr. Und erkläre ihr, dass du ihre

Warnungen gehört hast und die liebevolle Absicht dahinter durchaus erkennst – dass du es aber trotzdem auf deine Art machen wirst. Denn nur
so kannst du wachsen und dich weiterentwickeln – selbst, wenn du dabei
ab und zu auch mal auf die Nase fällst. Auch wenn das leichter gesagt ist
als getan: Du selbst entscheidest, wann du auf die innere Stimme hörst
und wann eben nicht. Vergiss nicht, du bist nicht deine Gedanken!

STOPPE DAS GEDANKENKARUSSELL!

Beispiel:
Du hast Angst vor dem Versagen.

Schritt 1: Wende deine Gedanken zum Positiven!
Frage dich nicht, was passieren würde, wenn du die Aufgabe nicht
schaffst, sondern stelle dir vor, wie es wäre, wenn du es schaffen würdest. Ein positives Mindset ist der Anfang.

Schritt 2: Das schlimmste Szenario
Was, wenn die kritische Stimme in dir recht behält und du die Aufgabe
wirklich nicht bewältigen kannst? Was ist das Schlimmste, was passieren kann? Anstatt zu verzweifeln, versuche dir klarzumachen, dass deine
Fähigkeiten sich stetig verbessern. Es kann sein, dass du es noch nicht
schaffst, aber dadurch, dass du es probierst, lernst du dazu und gehst
den ersten Schritt auf deine Ziele zu.

Welche kritischen Dinge sagt dir deine innere Stimme immer wieder?

_____

_____

_____

Wovor hat diese Stimme Angst und möchte dich daher schützen?

_____

_____

_____

Was kannst du der Stimme beim nächsten Mal erwidern?

_____

_____

_____

DEINE EIGENE REALITÄT

Es gibt eine spannende Sache in der Philosophie, wenn es darum geht, wie wir alle die Welt betrachten: Wir können zwischen den Wörtern »Realität« und »Wirklichkeit« unterscheiden.

Jeder Mensch betrachtet das Leben – abhängig von persönlichen Erfahrungen, Alter und Herkunft – durch seine ganz persönliche Brille. Damit erschafft sich jede*r von uns eine einzigartige und individuelle Realität. Du siehst die Welt anders als andere und nimmst sie auch unterschiedlich wahr, z. B. im Vergleich mit Menschen aus anderen Kulturkreisen. Im Gegensatz zur Realität gibt es aber nur eine feststehende Wirklichkeit. Das ist etwas, das tatsächlich existiert und nicht durch Gedanken und Gefühle geformt ist. Als du klein warst, war vielleicht der Weihnachtsmann für dich Realität – aber eben nicht die Wirklichkeit. Berücksichtige das, wenn du andere vorverurteilst: Du weißt nicht, welche Erfahrungen und Glaubenssätze sie haben und wie sie die Situation gerade wahrnehmen. Ob bewusst oder unbewusst – wir nehmen immer nur das wahr, was wir wahrnehmen wollen. Das, worauf wir uns konzentrieren, rückt stärker in unseren Fokus. Wenn du z. B. gerne einen kleinen Hund haben möchtest, wirst du plötzlich überall kleine Hunde sehen.

Für das Thema mentale Gesundheit bedeutet dies: Fokussierst du dich auf das Positive, wirst du es verstärkt in deinem Leben wahrnehmen. Dadurch kann sich dein Leben immer mehr zum Positiven wandeln. Dasselbe gilt auch für das Gegenteil. Je negativer deine Gedanken sind, desto mehr Negatives wirst du auch anziehen. Wir erschaffen uns unsere Realität selbst – und zwar durch unsere Gedanken, mit denen wir etwas bewerten. Sei dankbar für das, was gut bei dir läuft!

WAS SIND GLAUBENSSÄTZE?

I ch bin hässlich.« »Keiner mag mich.« »Ich bin nicht gut genug.« Wer sich mit solchen Gedanken quält, trägt negative Glaubenssätze mit sich herum. Das Schlimme daran: Wir sind felsenfest überzeugt, dass sie absolut wahr sind. Vielleicht wurden sie uns in der Kindheit wieder und wieder von unseren Eltern gesagt, bis wir sie schließlich verinnerlicht haben. Oder wir haben sie über Jahre hinweg von Mitschüler*innen gehört. Solche verallgemeinernden Aussagen können unsere Denkweise und unser Bild von uns selbst nachhaltig prägen und unsere Gefühle, Handlungen und Entscheidungen beeinflussen. Negative Glaubenssätze untergraben unser Selbstwertgefühl, bremsen uns aus und halten uns klein. Doch die gute Botschaft lautet: Du hast es selbst in der Hand, ob du weiterhin so über dich denken und dich davon runterziehen lassen willst – oder dich damit beschäftigen und etwas ändern möchtest.

GLAUBENSSÄTZE VERÄNDERN

Es ist definitiv möglich, Glaubenssätze aufzulösen, die dich fesseln und nicht weiterbringen. Du kannst sie langfristig ins Positive drehen. Sei von jetzt an achtsam mit deinen Gedanken. Mache dir also Glaubenssätze bewusst, mit denen du dich selbst schlechtredest. Eine praktische Übung dazu: Schreibe dir negative Glaubenssätze auf, streiche sie durch und ersetze sie dann durch neue, eigene Glaubenssätze – und zwar positive! Was für Formulierungen das sein können? »Ich bin es wert, geliebt zu werden« oder »So, wie ich bin, bin ich richtig«. Klingt doch gleich um Längen besser, oder? Du wirst merken, wie viel selbstbewusster du durchs Leben gehst, wenn du wertschätzend über dich denkst.

DEINE GLAUBENSSÄTZE

Welche Glaubenssätze hast du? Welche Sätze haben deine Eltern
oft gesagt und welche hast du womöglich für dich übernommen?

Ohne Fleiß kein Preis – man muss hart für seine Ziele arbeiten.

Man darf keine Fehler machen!

Wie kannst du deine Glaubenssätze umdrehen?

Ich gebe immer mein Bestes und das ist gut genug.

Ich darf Fehler machen, denn sie gehören zum Menschsein

dazu und ich kann aus ihnen lernen.

DU BESTIMMST DEINE GEFÜHLE

WIE DU NEGATIVES IN POSITIVES UMWANDELST

Lange wusste ich gar nicht, dass man Gedanken überhaupt aktiv wahrnehmen und sogar kontrollieren kann. Ich habe mich immer als Loser gefühlt, dachte, ich könnte sowieso nichts erreichen und nahm vieles immer direkt persönlich.

Erst in der Klinik habe ich gelernt, wie ich bewusst meine Gedanken steuere und negative Gedanken in positive umwandeln kann. Das ist meine Superpower! Endlich bestimmte ich allein, wie ich mich fühlen möchte. Mit dieser neuen Fähigkeit konnte ich auch endlich Ängste bekämpfen. So wurde ich von einer Pessimistin zu einer Optimistin. Ich tauschte mein Mindset – und meine ganze Welt änderte sich.

Jetzt fällt es mir viel leichter, meine Ziele zu erreichen, denn ich bin überzeugt davon, dass ich schaffen kann, was ich mir vornehme. Meine Superpower hilft mir auch dabei, einen Perspektivwechsel zu machen: Plötzlich kann ich die Probleme anderer Menschen viel besser verstehen. Ich gerate viel weniger in Stress, nehme mir nicht mehr alles direkt zu Herzen.

Was ich geschafft habe, kannst auch du. Mache dir deine Gedanken bewusst und beobachte dich und deinen Körper. Was lösen deine Gedanken in dir aus? Ist es das Gefühl, das du jetzt fühlen möchtest? Wenn nicht, dann lenke es bewusst um. So behältst du auch in schwierigen Situationen besser die Kontrolle.

NEGATIVE GEDANKEN
UMWANDELN

Mal angenommen, du hast dich mit deiner Freundin verabredet. Seit Tagen freust du dich auf das Treffen, denn ihr habt euch länger nicht gesehen und viel zu erzählen. Doch kurz vorher schreibt sie dir eine knappe Nachricht:

»Kann leider doch nicht.«

Du bist verständlicherweise enttäuscht, quälst dich aber auch mit negativen Gedanken wie: »Was sie wohl stattdessen vorhat? Ich bin ihr wohl nicht wichtig genug. Und vielleicht kann sie mich doch nicht leiden.« Abgesehen davon, dass du dich dadurch noch schlechter fühlst, schadest du dir mit solch negativen Gedanken selbst. Denn sie senden Alarmsignale an den Körper, wodurch das Stresshormon Cortisol ausgeschüttet wird. Lässt du dich häufig von negativen Gedanken herunterziehen, steigt dein Risiko für körperliche und seelische Leiden.

Es bringt nichts, wenn du versuchst, diese unerwünschten Gedanken zu unterdrücken, denn sie werden über kurz oder lang wieder umso mächtiger hochkommen. Vielmehr solltest du sie akzeptieren und dich anschließend fragen: »Ist das, was ich mir da sage, die Wirklichkeit?« Erinnere dich an den Text »Deine eigene Realität« zurück (siehe S. 45). Die knappe und kurzfristige Absage deiner Freundin muss nicht bedeuten, dass sie dich nicht leiden kann oder etwas Besseres vorhat. Wenn du das verstehst, gewinnst du an Leichtigkeit. Welche Gründe könnte sie noch haben? Vielleicht fühlt sie sich nicht gut oder hatte viel um die Ohren und braucht etwas Zeit für sich allein? Es gibt tausend Gründe für ihre Absage, die nichts mit dir direkt zu tun haben.

In unserem Beispiel könntest du dir als Nächstes überlegen, wofür du die Stunden nutzen kannst, die du eigentlich mit deiner Freundin verbracht hättest. Vielleicht liest du das spannende Buch aus, wozu du sonst nicht gekommen wärst? Du wirst sehen, dass du dich direkt besser fühlst, wenn du versuchst, deine negativen Gedanken umzuwandeln und das Beste aus der Situation zu machen. Positives Denken fördert die mentale und körperliche Gesundheit. Wofür entscheidest du dich?

»BELIEVE YOU CAN AND YOU'RE HALFWAY THERE.«

THEODORE ROOSEVELT

WIE MIR AFFIRMATIONEN IM ALLTAG HELFEN

Als ich in die Klinik kam, war ich voller Selbsthass. Negative Gedanken beherrschten mich. Erst in der Psychiatrie bin ich das erste Mal mit Affirmationen in Berührung gekommen. Was für ein Gamechanger! Schon während ich dort war, habe ich mir täglich gesagt, dass ich gut genug bin, so wie ich bin – obwohl ich zu diesem Zeitpunkt selbst noch gar nicht daran geglaubt habe.

Es war ein schwerer Weg, aber die positiven Affirmationen haben mich unterbewusst verändert. Mittlerweile nutze ich sie ganz selbstverständlich im Alltag, wenn ich mal nicht an mich glaube oder sehr niedergeschlagen bin. Denn auch das ist völlig normal. Affirmationen helfen mir dann, aus so einem Loch wieder herauszukommen. Sie bauen Stress ab und bewahren mich davor, in Verzweiflung zu geraten.

Diese Affirmationen benutze ich in meinem Alltag:

Ich bin in absoluter Sicherheit.
Wenn ich im Flugzeug sitze

Ich verdiene Glück und Zufriedenheit.
Wenn mich Menschen abwertend behandeln

Ich übernehme Verantwortung für mein Leben.
Wenn ich bewusst Entscheidungen treffe oder Dinge umsetze, die nicht leicht für mich sind

Ich kann das!
Wenn ich meine Komfortzone verlasse, also z. B. wenn ich einen Auftritt im Fernsehen habe

Es sollte so sein.
Alles hat einen Grund.
Wenn ich die Bahn verpasse oder im Stau stehe

AFFIRMATIONEN

Das Wort »Affirmationen« kommt aus dem Lateinischen und bedeutet »Versicherung« oder »Beteuerung«. Es sind kurze, positiv formulierte Sätze, die so etwas wie Botschaften an dich selbst sind. Sie können dir eine kleine Orientierungshilfe sein, einen Denkanstoß geben oder deine Ziele formulieren. Vielen Menschen hilft es, sich eine bestimmte Affirmation immer wieder vorzusagen – ob laut oder auch nur innerlich ausgesprochen. Natürlich wird man nicht »reich und berühmt«, wenn man sich jeden Tag zehnmal vorsagt: »Ich werde reich und berühmt.« Aber eine positive Affirmation kann zum Beispiel helfen, an diesem Ziel langfristig zu arbeiten. Auch können dich Affirmationen dabei unterstützen, besser mit Ängsten umzugehen und diese in Stresssituationen nicht die Oberhand gewinnen zu lassen. Auch bei Prüfungen oder wenn das Selbstbewusstsein gerade generell einen schlechten Tag hat. Negative Glaubenssätze können sich mithilfe von Affirmationen auflösen. Statt »Das kannst du nicht« könnte eine positive Affirmation lauten »Ich stelle mich dem Leben und seinen Aufgaben und bin neugierig, was ich schaffen kann«. Affirmationen sind kein Heilmittel und keine Lösung für alle Probleme, aber sie können den Alltag ab und zu erleichtern. Für manche Menschen ist diese Technik jedoch nicht hilfreich – wenn die positiven Botschaften in dir eine permanente Ablehnung auslösen, ist es nichts für dich – und das ist auch vollkommen okay. Probiere es aus und sprich dir positiv zu!

AFFIRMATIONEN FÜR DICH

Ich bin genug.
Genau so, wie ich bin, ist es richtig.
Ich schaffe das.

Ich achte auf mich und meine Gesundheit.

Ich bin dankbar für das, was ich habe.

Ich bin sicher.

Ich vertraue auf meine Fähigkeiten.

Ich bin wertvoll.

Ich habe es verdient, in Fülle zu leben.

Welche Affirmationen fühlen sich für dich gut an? An welche möchtest du dich regelmäßig erinnern?

_____

_____

_____

_____

_____

_____

_____

_____

_____

_____

_____

ZIELE SETZEN UND ERREICHEN

Wie siehst du dich selbst? Lebst du eher in den Tag hinein und lässt die Dinge spontan auf dich zukommen? Oder hast du lieber eine Struktur, die du »abarbeiten« kannst, um irgendwo anzukommen und dann erst etwas Neues zu starten? Ein konkretes Ziel zu haben, hilft dir im Alltag, wirklich voranzukommen, sei es bei deiner persönlichen Entwicklung (Entscheidungen innerhalb der Familie, Veränderungen, neue Sichtweisen), aber auch in deiner schulischen oder beruflichen Entwicklung. Es kann sehr erleichternd sein, einen Ankerpunkt in der Zukunft zu haben, den du erreichen willst. So arbeitest du konzentrierter darauf hin, statt dich durch äußere Einflüsse immer wieder ablenken zu lassen.

SO SETZT DU DIR ZIELE

Damit es auch Spaß macht, dieses Ziel zu erreichen, sollte es nicht zu hochgesteckt, attraktiv und realistisch sein. Am besten setzt du dir auch einen festen Termin, an dem du das Ziel erreichen willst (zum Beispiel: Ich mache meine Hausaufgaben bis heute Abend fertig, dann kann ich mich mit Freund*innen treffen.). Um das Ziel zu erreichen, musst du natürlich »losgehen« – und dazu auch schon mal deine Komfortzone verlassen und deinen »Schweinehund« überwinden. Mache dir klar, warum es gerade dieses Ziel sein soll, was du dir davon versprichst und wie du am besten starten kannst. Frage deine Lieblingsmenschen um Rat, wenn du allein nicht weiterkommst. Schon wenn du fragst, ist es ein Schritt in Richtung Ziel und raus aus dem alten Trott. Und noch viel wichtiger: Glaube an dich und sei lieb zu dir! Du kannst es schaffen – und zwar Schritt für Schritt und in deinem eigenen Tempo!

DER WEG IST DAS ZIEL

Ein Ziel zu haben, bedeutet immer auch einen gewissen Druck, dieses auch zu erreichen. Aber gerade das kann entscheidend sein, wirklich anzufangen. Wenn es dir schwerfällt, Ziele zu setzen, ist das auch okay. Es gibt einfach viele Leute, die ohne Ziele gut klarkommen, ihr Leben chaotisch bunt jeden Tag neu organisieren und viel Spaß dabei haben. Manchmal merkt man auch erst auf dem Weg, dass das Ziel vielleicht doch nicht so attraktiv ist wie gedacht. Nichts spricht dagegen, noch einmal neu zu überlegen, ein neues Ziel zu setzen – Hauptsache, du bleibst dran.

Hier gibt es noch eine kleine Zusammenfassung als Stütze für dich:

Deine Ziele sollten SMART sein:
Spezifisch (konkret formuliert)
Messbar (in Qualität und Menge)
Attraktiv (sodass man auch wirklich Lust hat, das Ziel zu erreichen)
Realistisch (nicht abgehoben)
Terminiert (zeitlich festlegen, was bis wann zu erledigen ist)

So sollen Ziele sein, um sie auch erreichen zu können. Ein Beispiel: Ich möchte gerne eine Ausbildung im Bereich Journalismus machen **(S)**. Dazu investiere ich an zwei Nachmittagen in der Woche eine Stunde Zeit, um mich zu informieren, wie das am besten geht **(M)**. Ich möchte einen Ausbildungs- oder Studienplatz in meinem Traumberuf bekommen **(A)**, um damit später meinen Lebensunterhalt verdienen zu können **(R)**. Meine Recherche schließe ich bis zum Zeitpunkt X ab, damit ich dann Bewerbungsfristen einhalten kann **(T)**.

DIE MACHT DES MANIFESTIERENS

Schon lange bevor ich wusste, was Manifestieren ist, habe ich mir Dinge ge-wünscht. Immer wenn ich eine Sternschnuppe gesehen habe, habe ich in mir einen Wunsch ausgesprochen und ganz fest daran geglaubt – und sie gingen immer in Erfüllung. Eines meiner größten Geheimnisse ist, dass meine Social-Media-Karriere ein Sternschnuppen-Wunsch war.

Irgendwann habe ich dann das Manifestieren entdeckt und mir über YouTube-Videos beigebracht. Manifestieren bedeutet, dass du deine Gedanken und An-sichten bewusst steuerst. Du tust also aktiv etwas, um dein Leben in die Hand zu nehmen und Verantwortung dafür zu tragen. Dadurch wird automatisch dein Handeln beeinflusst, sodass deine Wünsche und Ziele wahr werden können. Das Gleiche tun wir übrigens auch beim Einsatz von Affirmationen. Beobachte doch mal, wie du selbst mit dir sprichst und welche Gedanken du täglich immer wieder aufs Neue denkst (siehe Seiten 48–55).

Du möchtest etwas manifestieren? Mache dir im ersten Schritt klar, was du dir wünschst – und zwar so klar und genau wie möglich. Schreibe deinen Wunsch auf und spüre in dich hinein. Welche Bilder und Gefühle kommen in dir hoch?

Kannst du jetzt schon die große Freude fühlen, die dein zukünftiges Ich spüren wird, wenn der Wunsch in Erfüllung geht? Am besten wiederholst du das mehrmals in der Woche. Um dich an deinen Wunsch zu erinnern, kann dir ein Visionboard helfen, bei dem du passende Fotos auf ein Papier klebst und das du in deiner Wohnung aufhängst. Oder du führst ein Tagebuch und beschreibst dort, wie wunderschön es sein wird, wenn alles so kommen wird, wie du dir das vorstellst. Vielleicht möchtest du jetzt auch einen Schritt weitergehen und eine kleine Sache tun, um dein Ziel zu erreichen? Und zum Abschluss: Vertraue darauf, dass dein Wunsch in Erfüllung gehen wird – auch, wenn du noch nicht weißt, wann genau das passieren wird.

Indem ich mir meine Wünsche ganz genau vorstelle, baue ich mir mein Leben so, wie ich es will – allein mit der Kraft meiner Gedanken. Das hat mir gezeigt, dass ich alles haben und erreichen kann, was ich möchte, wenn ich davon überzeugt bin, dass es passieren wird. Das ist eines der wichtigsten Dinge, die ich in meinem Leben gelernt habe.

DEINE ZIELE UND WÜNSCHE

Schreibe auf, welche Ziele du heute in den verschiedenen Lebensbereichen hast!

Beruf und Karriere:

_____

_____

Gesundheit und Lebensgefühl:

_____

_____

Hobbys:

_____

_____

Beziehung zu dir selbst:

_____

_____

Romantische Beziehungen:

_____

_____

Freundschaftliche Beziehungen:

_____

_____

Familiäre Beziehungen:

_____

_____

EMBRACE WHAT MAKES
YOU DIFFERENT!

WÜNSCHE-KREIS

Du kannst deine Wünsche und Ziele in drei Kreise aufteilen. Im inneren Kreis stehst du. Was wünschst du dir für dich, deine mentale und körperliche Gesundheit? Im mittleren Kreis geht es um dein Umfeld: Möchtest du mehr Zeit mit Freund*innen verbringen? Menschen mit dem gleichen Hobby finden? Einen Hund oder eine Katze bei dir haben? Im äußeren Kreis geht es um die großen Zukunftsthemen wie z. B. ein Haus zu kaufen, eine Weltreise zu machen oder dein eigenes Unternehmen zu gründen. Visualisiere deine Wünsche und zeichne passende Skizzen in die jeweiligen Kreise ein oder nimm dir ein Blatt Papier dazu!

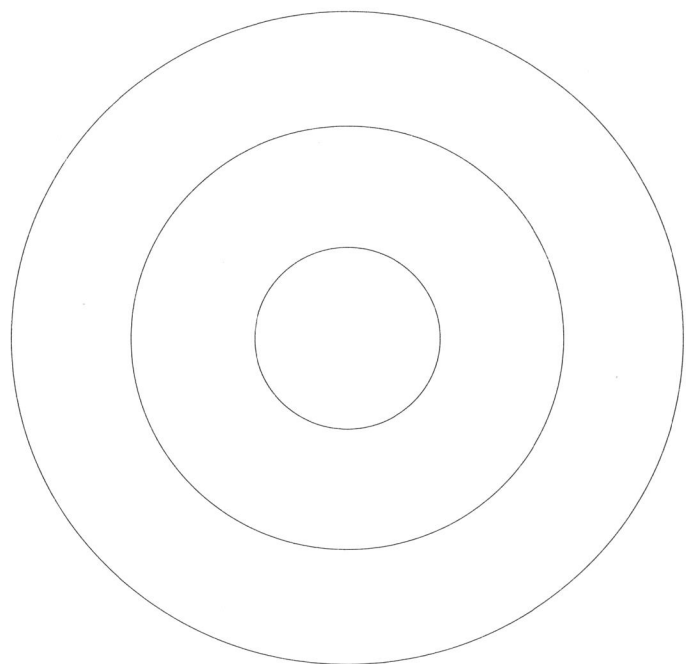

KAPITEL 3

DEINE
ZEIT IST
KOSTBAR

ÜBER SOCIAL MEDIA
UND VERGLEICHE

TU MEHR
VON DEN
DINGEN,
DIE DICH
DEIN HANDY
VERGESSEN
LASSEN.

SOCIAL MEDIA

Social Media verbindet uns heute alle miteinander – auf der ganzen Welt. Es ist immer verfügbar, 24 Stunden an jedem Tag der Woche. Heute können wir uns kaum ein Leben ohne Instagram, TikTok und Co. vorstellen. Wir teilen unser Leben auf diesen Plattformen, treffen Freund*innen, bilden uns weiter, lassen uns unterhalten und starten Karrieren.

Ich habe mit 14 Jahren angefangen, Social Media zu nutzen. Eigentlich hätte ich erst mit 16 gedurft – meine Eltern waren da sehr streng. Aber irgendwie habe ich mich durchgesetzt. Jung und naiv bin ich durch diese Online-Welt gestolpert, habe Fehler gemacht und den falschen Menschen vertraut. 2015, als ich schon erste Erfolge hatte, bekam ich dann eine Hate-Welle ab, die mich sehr stark belastete. Doch trotz dieser schlimmen Erfahrung fing ich 2019 langsam wieder an, Bilder auf Instagram zu posten, und 2020 hatte ich auf TikTok meinen Durchbruch. Social Media bietet viele Chancen und kann etwas wirklich Tolles sein. Doch es gibt auch Gefahren, die du nicht unterschätzen solltest. Deshalb möchte ich hier meine Erfahrungen mit dir teilen.

CHANCEN VON SOCIAL MEDIA

SORGT FÜR INSPIRATION

Social Media ist ein fantastischer Ort, um neue Inspirationen zu sammeln. Hier bekommst du großen Input für Ideen und kannst dich inspirieren lassen: Sei es die Dekoidee für die nächste Party, Make-up, Frisurentrends oder Outfit-Inspirationen für deinen Abiball. Auch Wissen und Informationen werden auf Social Media geteilt. Beides hilft uns dabei, uns weiterzuentwickeln und lässt auch andere wachsen. Lasse dich inspirieren von Menschen, die du cool findest oder die dir den Tag schöner machen. Das kann dir dabei helfen, herauszufinden, wer du bist oder was du magst.

BRINGT MENSCHEN ZUSAMMEN

Auf Social Media lernst du Menschen kennen, die du vielleicht niemals im echten Leben getroffen hättest. Dort kannst du theoretisch die ganze Welt kennenlernen. Ich habe eine meiner besten Freundinnen in der Schweiz gefunden. Ohne sie wäre ich heute nicht der Mensch, der ich bin.

KANN EINE EINKOMMENSQUELLE SEIN

Mit Social Media kann man auch Geld verdienen. Ich habe vor drei Jahren als Content Creator auf TikTok angefangen und mir dort über die Zeit eine Community erarbeitet. Das Tolle am Beruf Content Creator ist, dass du viele Berufe auf einmal ausprobieren kannst: Du bist Fotograf*in, Künstler*in, Schauspieler*in oder du baust deinen eigenen Onlineshop auf. Fakt ist: Dir sind keine Grenzen gesetzt, wenn du eine Karriere auf Social Media starten willst. Probiere es aus, wenn du möchtest, aber stelle dir das Ganze nicht zu leicht vor. Es gibt viele Fallen, deswegen sichere dich immer doppelt und dreifach ab. Der CEO von meinem Management (Adil Sbai) bezeichnet dieses Business nicht ohne Grund auch als Haifischbecken.

GEFAHREN VON SOCIAL MEDIA

HAT GROSSES SUCHTPOTENZIAL

Social Media ist so gebaut, dass du so viel Zeit wie möglich dort verbringst. Nur so verdienen sie Geld. Sie müssen dich auf der Plattform festhalten. Dafür haben sie komplexe Algorithmen programmiert, die genau wissen, was du magst und was nicht. Die Gefahr dabei ist, dass du süchtig werden kannst. Deshalb achte auf deine Bildschirmzeit und beschränke sie, wenn du merkst, dass dir der Medienkonsum nicht guttut. Vielleicht hast du schon gemerkt, dass du nicht mehr so viele Dinge am Tag schaffst oder deine Aufmerksamkeitsspanne gesunken ist. Dann ist es höchste Zeit, zu handeln. Meine Bildschirmzeit beträgt zum Beispiel manchmal bis zu zwölf Stunden am Tag. Das ist total ungesund. Also: Wenn du genau das jetzt liest, dann stell dir ein Limit für deine Bildschirmzeit ein. Am Anfang ist das nicht einfach umzusetzen, aber es wird dir so viel Zeit schenken, die du mit wichtigeren Dingen füllen kannst.

REGT ZUM VERGLEICHEN AN UND KANN EIN SCHLECHTES SELBSTWERTGEFÜHL AUSLÖSEN

Auf Social Media zeigen viele Influencer ihr scheinbar makelloses Leben. Auch ich teile oft nur die schönen Dinge. Dabei darf man nicht vergessen, dass es viele Momente gibt, die man nicht teilt. Niemand hat ein perfektes Leben, aber keine*r möchte sich unvorteilhaft zeigen oder eine peinliche Situation teilen. Trotzdem machen diese angeblich »perfekten Menschen« auf Social Media unser Selbstbild kaputt. Wir fühlen uns oft nicht schön oder gut genug. Was wir oft vergessen: Fotos und Videos kann man leicht bearbeiten. Oft spiegeln sie gar nicht die Realität wider. Posen und gutes Licht sind auf Social Media die halbe Miete. Ich habe zum Beispiel oft das Gefühl, meine Nase sei nicht gut genug oder ich fühle mich, als müsste ich abnehmen, aber eigentlich bin ich gut, so wie ich bin.

Und das bist du auch! Statt das Leben dieser Influencer für bare Münze zu nehmen, setze dich lieber mit deinem eigenen Leben auseinander und vergleiche dich nicht mit ihnen. Du bist schön und perfekt, so wie du bist – auch mit Makeln. Diese machen dich einzigartig und zu dem Menschen, der du bist. Wenn du merkst, dass dir bestimmte Profile ein schlechtes Gefühl geben, dann entfolge ihnen oder blockiere sie sogar. Diese Menschen tun dir nicht gut.

ZAHLEN KÖNNEN ABHÄNGIG MACHEN

Likes und Follower sind das Bewertungssystem von heute. Es ist toll, positives Feedback auf Social Media zu bekommen, aber mache dich davon nicht abhängig. Hinter diesen Zahlen stecken zwar Menschen, aber oft auch ein Algorithmus, der deine Bilder oder Videos ausspielt oder eben auch nicht. Ich kenne Menschen, die nach diesen Zahlen süchtig sind. Ihr ganzer Tag ist hinüber, wenn ein Video oder ein Bild nicht gut ankommt. Aber viele Likes und Follower machen dich nicht zu einem besseren Menschen. Wichtiger sind die Menschen in deiner direkten Umgebung, deine Familie und deine Freund*innen.

UMGANG MIT HATE

Ob aus Langeweile oder Eifersucht: Menschen können unheimlich gemein sein. Wenn diese Gemeinheiten überhandnehmen, dann spricht man von Hate. Ich bin schon eine Weile auf Social Media unterwegs und biete eine große Angriffsfläche für Hate. Ich kann noch so perfekt sein, noch so politisch korrekt – es gibt trotzdem Menschen, die mich nicht mögen werden. Und das ist auch okay. Wichtiger ist, dass ich mich selbst mag.

Hate kann dich kaputtmachen und dein Selbstwertgefühl verletzen. Mir ging es sehr schlecht, als ich von Hate betroffen war. Ich habe mich hässlich und wertlos gefühlt! Wenn ich Kommentare oder Nachrichten von einem Hater bekomme, versuche ich mich in diese Person hineinzuversetzen. Ich frage mich dann, warum sie das tut. Ist sie vielleicht noch zu jung und weiß nicht, wie sie mit sich selbst umgehen soll? Fühlt sie sich unsicher mit ihrem Aussehen? Vielleicht ist sie eifersüchtig auf mich? Oder möchte sie einfach nur Stress ablassen? Eine Rechtfertigung ist das natürlich nicht, aber es hilft mir dabei, mit dem Hate besser umzugehen.

Hate kann jeden treffen, wichtig ist, wie du damit umgehst. Wichtig ist, dass du genau darauf achtest, was du teilst. Aber selbst diese Vorsicht schützt dich nicht immer vor Hate. Du darfst Menschen, die dir schaden wollen, blockieren. Es hat nichts damit zu tun, dass du keine Kritik verträgst – manche Kommentare muss man einfach nicht lesen. Außerdem kannst du auch ausgewählte Wörter auf Plattformen blockieren. Kommentare, die diese enthalten, werden gar nicht erst angezeigt.

Menschen, die Hate verbreiten, haben immer ein Problem mit sich selbst. Du musst die Schuld gar nicht bei dir suchen, du kannst nichts dafür. Trotzdem solltest du auf Hasskommentare nicht antworten. Ich weiß, wir versuchen uns zu rechtfertigen, wenn eine Person etwas Böses schreibt. Oft wollen diese Menschen nur provozieren und deine Aufmerksamkeit auf sich lenken. Gehe nicht darauf ein, denn das ist wertvolle Zeit, die du verlierst. Wenn jemand total übertreibt und dich beleidigt, dann darfst du diese Person anzeigen. Beleidigung ist in Deutschland eine Straftat.

Mein wichtigster Tipp: Nimm dir das nicht zu Herzen. Du bist gut so, wie du bist! Wenn du dich von Hate verletzt fühlst, lege dein Handy weg und lenke dich mit Aktivitäten ab, die dir guttun.

Hast du schon mal Hasskommentare auf Social Media gelesen oder selbst bekommen? Wenn ja, was war es?

Wie war der Umgang in den Kommentaren oder in deinen Privatnachrichten damit?

Hast du auch schon einmal (in der Vergangenheit) gehatet? Warum hast du es getan und wie würdest du dich fühlen, wenn es dir selbst passiert?

DER RICHTIGE UMGANG MIT (SOZIALEN) MEDIEN

Nicht jeder Mensch auf dieser Welt hat gute Absichten. Deswegen solltest du genau aufpassen, was du teilst. Es kann sein, dass sich hinter »Jule2005« (16 Jahre) in Wirklichkeit Heinrich (52 Jahre) versteckt. Behalte das immer im Hinterkopf und traue nicht jeder Person. Ich weiß, es macht Spaß, alles im Internet zu teilen, aber man vergisst oft, dass das wirklich jede*r sieht: die Menschen, mit denen du dich regelmäßig umgibst, Freund*innen, Familienmitglieder oder sogar später deine Kinder. Deshalb überlege dir gut, was du postest, und teile nur, was du auch in einigen Jahren nicht bereuen wirst.

Auch bei Treffen, die sich von Social Media in das richtige Leben verschieben, solltest du vorsichtig sein. Es kann passieren, dass sich eine andere Person hinter dem Usernamen versteckt als die erwartete. Gehe auf diese Treffen nicht allein, nimm eine*n Freund*in mit, damit jemand auf dich im Fall der Fälle aufpasst. Achte auch darauf, dass du dich bei diesen Treffen im öffentlichen Raum triffst und nicht bei dir privat zu Hause.

WAS DU NICHT TEILEN SOLLTEST:

·:∿ Deinen echten Namen

Überlege dir einen Usernamen, der auf verschiedenen Plattformen vertreten sein kann.

·:∿ Informationen über deinen Standort

Du bist stolz darauf, woher du kommst. Das ist toll, trotzdem solltest du das nicht teilen. Menschen können dir so leichter auflauern oder auch Dinge über dich herausfinden, die du gar nicht teilen wolltest. Sicherer ist es, eine größere Stadt in deiner Nähe anzugeben.

·:∿ Zu freizügige Fotos/Nacktbilder

Jeder Mensch soll zu sich stehen und das von seinem Körper zeigen, was sie*er möchte. Dennoch solltest du nicht vergessen, dass es Personen gibt, die dich sexualisieren wollen oder mit deinen Bildern vielleicht sogar schlimme Dinge anstellen. Klar, es ist spannend, sich gegenseitig solche Fotos zu schicken, gerade dann, wenn du noch jung bist. Aber ich habe Folgendes gelernt: Egal, wie sehr du deinem Gegenüber vertraust – deine Fotos werden rumgezeigt oder weitergeschickt. Dieses Gefühl ist total erniedrigend. Ich habe einige Fälle sogar schon in meiner Schule mitbekommen und weiß, wie sehr diese Menschen dadurch gebrochen wurden. Deswegen: Verschicke keine Nacktbilder – egal, welche Person diese Fotos möchte. Auch dann nicht, wenn es deine vermeintlich große Liebe ist.

·:∿ Fotos von Menschen, die du nicht vorher gefragt hast

Das ist eine Grenze, die jede*r akzeptieren sollte. Frage immer, ob du ein Foto machen darfst. Manche Menschen wollen das nicht, und das ist vollkommen okay. Respektiere diese Grenzen unbedingt.

SOCIAL MEDIA UND DU

Was schätzt du, wie viel Zeit verbringst du im Durchschnitt täglich auf Social Media?

_____ Stunden/Minuten

Nachdem du deine Bildschirmzeit überprüft hast: Wie viele Stunden verbringst du wirklich auf Social Media?

- Weniger als eine Stunde
- Ein bis zwei Stunden
- Zwei bis drei Stunden
- Drei oder mehr als drei Stunden

Wann nutzt du Social Media? Kreuze alles an, was auf deine Nutzung zutrifft!

- Direkt nach dem Aufstehen
- Vor dem Schlafengehen
- Unterwegs
- In meinen Pausen
- Immer, wenn mir langweilig ist

Warum nutzt du Social Media?

- Um keine Langeweile zu spüren
- Um mich inspirieren zu lassen
- Um mich mit anderen Menschen zu verbinden
- Um mich nicht alleine zu fühlen
- Um selbst Inhalte hochzuladen und zu teilen
- Um mich unterhalten zu lassen
- Um Motivation zu finden

MOOD-TRACKER

Starte ein kleines Experiment. Bevor du Social Media benutzt, fühle in dich hinein, wie es dir geht. Verbringe dann etwas Zeit auf sozialen Plattformen und erkenne, ob es deine Gefühle verändert hat.

Was empfindest du ...

... vor der Nutzung?	... nach der Nutzung?
☐ Freude	☐ Freude
☐ Traurigkeit	☐ Traurigkeit
☐ Verbundenheit	☐ Verbundenheit
☐ Entspannung	☐ Entspannung
☐ Eifersucht/Neid	☐ Eifersucht/Neid
☐ Langeweile	☐ Langeweile
☐ Inspiration	☐ Inspiration
☐ Mangel	☐ Mangel

SORTIERE AUS!

Ist dir bei dem Experiment aufgefallen, dass es bestimmte Accounts gibt, die dauerhaft unangenehme Gefühle in dir auslösen? Wieso folgst du diesen Accounts und was versprichst du dir von ihnen? Vielleicht kannst du mit diesen Erkenntnissen und mit dem Thema »Vergleichen« auf der nächsten Seite den Mut finden, den Accounts zu entfolgen, die dir nicht guttun? Sie stummzuschalten, wäre eine alternative Zwischenlösung.

WARUM MAN SICH
VERGLEICHT

Es ist völlig normal, im Leben ständig und überall nach rechts und links zu gucken – im realen Leben genauso wie im Internet. Was machen die anderen? Wie sehen sie aus? Warum haben sie mehr Erfolg als ich? Aus dem Gefühl heraus, dass es an irgendeiner Stelle bei dir selbst einen Mangel gibt, entstehen Vergleiche mit anderen Menschen, die etwas vermeintlich besser machen, besser aussehen, mehr Geld verdienen. Im besten Fall erreichst du damit einen positiven Ansporn oder eine Anregung, für dich selbst ein neues Ziel zu erreichen. In den meisten Fällen aber richtet das ständige Vergleichen großen Schaden für deine psychische Gesundheit an, dann nämlich, wenn du dich immer negativer bewertest als die anderen, wenn du dich selbst schlechtmachst. Gerade in Social Media ist es besonders schwierig, zu unterscheiden, welche Bilder und Videos wirklich real und welche gefiltert sind. Die Gefahr ist groß, ständig irgendwelchen »Idealen« hinterherzulaufen, die es in Wirklichkeit so gar nicht gibt. Und selbst wenn es sie gäbe – wichtig bist nur du mit deinen ganz persönlichen Eigenschaften. Nicht jeder Mensch kann der Beste in allem sein, aber jeder von uns hat ganz eigene Stärken! Wir haben alle unterschiedliche Körperformen und einige von uns sind genetisch so veranlagt, dass sich Körperproportionen nicht verändern lassen. Und das ist auch gut so, denn wir sind alle einzigartig!

Vergleiche wirst du nie ganz vermeiden können, aber wenn du akzeptierst, dass andere Menschen einfach andere Leben haben, die nichts mit dir zu tun haben, ist schon viel erreicht. Deutlich weniger Stress zum Beispiel!

REFLEXION

Mit welchen Personen hast du dich zuletzt verglichen oder tust es immer wieder?

Wie fühlst du dich in den Momenten des Vergleichens? Empfindest du eher Glück und Erfüllung oder eher Traurigkeit und Mangel?

Haben diese Personen die gleichen Stärken und Fähigkeiten und sind ungefähr im gleichen Alter wie du?

Sind diese Personen damit auf deiner Augenhöhe oder an einem anderen Punkt in ihrem Leben und somit kein geeigneter Maßstab für dich?

Kannst du einschätzen, wie viel Zeit und Geld die Personen in ihre Fähigkeiten investiert haben?

Denkst du, dass diese Menschen zu hundert Prozent glücklich mit ihrem Leben sind?

OFFLINE SEIN

WAS MIT MIR PASSIERT IST, ALS ICH DREI MONATE OFFLINE WAR

Offline sein – das kann man sich heutzutage kaum noch vorstellen. Ich habe oft das Gefühl, ich könnte etwas verpassen, als müsste ich mich irgendwie mitteilen, um nicht vergessen zu werden.

2018 ging es mir so schlecht, dass ich mich entschied, in die Klinik zu gehen. Hier gab es kein WLAN und das Mobilfunknetz reichte noch nicht einmal für WhatsApp-Nachrichten. Drei Monate lang konnte ich nur telefonieren oder mich persönlich mit Menschen treffen. Mein Kalender war zwar voller Therapie-Termine, doch hatte ich auf einmal so viel Zeit. Plötzlich las ich mit 19 Jahren mein erstes Buch freiwillig, auf das noch 20 weitere folgten. Ich fühlte mich kreativ und fing wieder an zu malen. Das war ein Hobby, von dem ich dachte, ich hätte es komplett verloren. Sport war plötzlich wieder interessant für mich. Ich ging täglich eine Stunde joggen, spielte jeden Tag Volleyball und Tischtennis. Falls ich doch mal nichts zu tun hatte, lag ich im Park und genoss die Natur. Das erste Mal seit sechs Jahren schlief ich ohne mein Handy ein – und das immer um 21 Uhr. Sonst brauchte ich immer ein Video, das im Hintergrund dudelte, und ich lag ewig wach. Fernsehen schaute ich auch nicht mehr. Vorher hatte ich mir jeden Tag all die schlimmen und negativen Nachrichten angeschaut, weil ich sie so interessant fand. Aber daraus habe ich gelernt, dass ich nicht alles wissen muss und mir vieles einfach nichts bringt, außer Negativität. Offline sein tat mir so unendlich gut. Ich spürte endlich meinen Körper wieder und merkte, wie viel Kraft und Energie ich hatte. Ein Gefühl von Freiheit und Sorgenfreiheit machte sich in mir breit. Ich fühlte mich endlich lebendig, so als wäre ich wieder sieben Jahre alt. Total paradox, wenn ich überlege, dass ich Social Media zu meinem Beruf gemacht habe. Das Handy ist per se nichts Schlechtes. So viele schöne Dinge in meinem Leben habe ich damit erreicht, dennoch wünsche ich mir, ich wäre wieder öfter offline. Probier es mal aus, sei erst mal ein paar Stunden offline, dann zwei Tage und später im Urlaub sogar eine ganze Woche. Also, worauf wartest du noch? :)

MEINE WICHTIGSTEN SOCIAL-MEDIA-REGELN:

Folge Menschen, die dir guttun.
Verbringe nicht zu viel Zeit auf Social Media.
Vertraue nicht jedem Menschen.
Teile nur das, was du nicht bereuen wirst.
Vergleiche dich nicht.
Mache dich nicht abhängig von Likes und Followern.
Sei vorsichtig, wenn du jemanden aus dem Internet persönlich triffst.
Entscheide selbst, was dir guttut.
Gib nicht alles von dir preis.

SOCIAL-MEDIA-DETOX

Hast du schon mal von Social-Media-Detox gehört? Detox bedeutet übersetzt »Entgiften« und übertragen auf Social Media heißt das: Man verzichtet für einen gewissen Zeitraum darauf, soziale Medien zu nutzen. Das klingt im ersten Moment vermutlich sehr herausfordernd und viele von uns können sich ein Leben ohne gar nicht mehr vorstellen. Doch meine Erfahrung hat dir hoffentlich gezeigt, was für eine positive Auswirkung das auf mein Leben hatte. Starten wir also mit einer kleinen Mini-Challenge: einen Tag lang offline! Dabei bestimmst du selbst, wie weit du gehen möchtest.

An diesem Tag mache ich meinen Social-Media-Detox:

_____

Ich werde dabei folgende Dinge nicht benutzen:
- Bilder- und Video-Apps wie Instagram, TikTok, Snapchat oder YouTube
- Chat-Apps wie WhatsApp, Signal oder Telegram
- Andere Apps auf meinem Handy: _____
- Websites aller Art

·:～ **Bonus:**
- Mein Handy
- Meinen Laptop oder mein Tablet

Um nicht in Versuchung zu kommen, werde ich ...
- mir fest vornehmen, die Dinge nicht zu benutzen.
- mich mit einem Hintergrundbild auf meinem Handy an die Challenge erinnern.
- die Notifications auf meinem Handy deaktivieren.
- die Apps in einem Ordner verstecken.
- die Apps von meinem Handy löschen.
- mein Handy komplett ausgeschaltet lassen.

Aktivitäten

Was möchtest du in der Zeit tun, die du normalerweise auf Social Media verbracht hättest? Gibt es kleine oder große Dinge, die du schon immer mal machen wolltest?

einen Waldspaziergang machen

mit Freund*innen Brettspiele spielen

Tagebuch

	Welche Gedanken und Gefühle kommen in dir auf?	Wie oft hast du den Impuls, Social Media zu nutzen? Führe eine Strichliste!
Morgens		
Mittags		
Abends		

WIE WAR ES?

Glückwunsch, du hast es geschafft! Nimm dir vor dem Zubettgehen oder am nächsten Tag Zeit, um zu reflektieren.

Ist dir die Challenge schwergefallen?

- Ja
- Nein
- Geht so

Welche Gefühle hast du in dir bemerkt, die vielleicht ansonsten nicht so oft oder stark bei dir auftreten?

_____

Hast du das Gefühl, etwas verpasst zu haben?

- Ja
- Nein
- Geht so

Was hast du mit deiner neu gewonnenen Zeit gemacht und was hast du unternommen?

_____

Kannst du dir vorstellen, diese Challenge zu wiederholen oder vielleicht zu einer Routine zu machen?

- Ja
- Nein
- Möchte ich mir noch überlegen

SOCIAL MEDIA
BEWUSST NUTZEN

nstagram, TikTok und Co. sind tolle Medien und immer verfügbar. Trotzdem: Kein Mensch kann (und muss!) 24/7 erreichbar sein und auf sämtliche Nachrichten sofort reagieren. Probiere doch mal die nachfolgenden Tipps aus!

∴∿ Handy weg beim Treffen mit Freund*innen. Schaut euch an, redet miteinander, lacht, habt Spaß – das geht auch mal ohne Internet, dafür aber viel persönlicher und intensiver.

∴∿ Mahlzeiten sollten handyfreie Zeiten sein. Bewusst zu essen heißt, gesünder zu essen, bewusst wahrzunehmen, was man isst, bewusst eine Pause zu machen und dem Körper etwas Gutes zu tun.

∴∿ Richte täglich handyfreie Zeiten ein – und halte dich daran! Schalte dein Handy eine gute halbe Stunde vor dem Zubettgehen aus. Mache dir vielleicht einen Tee oder lies ein Kapitel in einem Buch.

∴∿ Gib deinem Handy einen festen Platz in deiner Wohnung, z. B. auf dem Küchentisch, und benutze es nur an diesem Ort.

∴∿ Entfolge Accounts, die dir nicht guttun.

∴∿ Behalte auch deinen Konsum von Fernsehen, Tablets oder Computern im Auge, um dir selbst etwas Gutes zu tun.

KAPITEL 4

DU ALLEIN ENTSCHEIDEST ÜBER DEINE GEFÜHLE

ÜBER DEN UMGANG

MIT GEFÜHLEN

WHEN
THINGS CHANGE
INSIDE YOU,
*THINGS CHANGE
AROUND YOU.*

WOFÜR SIND
GEFÜHLE DA?

L iebe, Wut, Freude, Angst, Stolz, Eifersucht, Scham – Gefühle wie diese sind unsere täglichen Begleiter. Oft ist es uns gar nicht bewusst, was wir gerade fühlen. Denn viele von uns haben nie gelernt, in sich hineinzuhorchen und sich mit den eigenen Emotionen zu verbinden. Dabei drückt sich jedes Gefühl auch körperlich aus: als Kribbeln, als warmes Ziehen im Bauch, im schlimmsten Fall sogar als Schmerzen. Es ist ungemein wichtig für deine Gesundheit, dass du deine Emotionen wahrnehmen lernst, sie detailliert beschreibst – und letztlich verstehst, was sie dir sagen wollen. Darum frage dich bei jeder Empfindung: Was ist eigentlich passiert, was hat dieses Gefühl ausgelöst? Warum bin ich denn gerade schüchtern oder gekränkt, ängstlich oder wütend, begeistert oder traurig?

JEDES GEFÜHL HAT SEINE BERECHTIGUNG — UND WILL UNS HELFEN!

Gefühle machen uns auf unsere Bedürfnisse aufmerksam. Und sie fordern uns auf oder schlagen uns vor, in einer bestimmten Form zu handeln. Du kannst dich also fragen: Wozu hat mich mein Gefühl motiviert? Damit kann gemeint sein: Glück zeigt an, dass uns etwas guttut. Diese Emotion weckt in uns den Wunsch nach einer Wiederholung. Angst um unser Leben haben wir, wenn uns jemand bedroht. Sie löst in uns auch den Reflex aus, vor der Gefahr zu fliehen. Wir sind traurig, wenn wir durch eine Trennung oder Tod einen geliebten Menschen verloren haben. Dann sollten wir uns auf unseren Verlust besinnen und uns verabschieden, bevor wir die Fäden unseres Lebens wieder aufgreifen. Wir sind wütend, wenn wir uns beleidigt oder unfair behandelt fühlen, wenn unsere Grenzen missachtet werden oder wir bzw. eine uns nahestehende Person angegriffen wird. Unsere Wut unterstützt uns aber auch dabei, uns zu wehren.

EMOTIONEN AUS DER BALANCE — WENN GEFÜHLE WEHTUN

Symptome wie Magen- oder Kopfschmerzen und Verspannungen können darauf hindeuten, dass wir Emotionen nicht zulassen. Vor allem von Mädchen wird oft gefordert, ihre Wut im Zaum zu halten, stets nett und zuvorkommend zu sein. Manchmal unterdrücken wir unsere Gefühle – besonders, wenn sie mit sehr unangenehmen oder gar traumatisierenden Erfahrungen zusammenhängen. Doch das rächt sich früher oder später, denn dann können sie umso heftiger wieder hochkommen. Die Folge können psychische Erkrankungen sein. Nur, wenn unsere Gefühle mit unserem Körper und Geist in Einklang sind, sind wir physisch und psychisch gesund. Wenn du also merkst, dass dich über einen längeren Zeitraum hinweg negative Emotionen plagen, solltest du dir Hilfe holen. Es ist möglich, Gefühle zu steuern (dazu mehr in diesem Kapitel). Wenn sie uns lähmen oder stören, können wir sie verändern – aber dafür musst du sie richtig interpretieren können. Jedes Gefühl hat viele Gesichter. Fange am besten noch heute an, dein eigenes Wörterbuch der Gefühle anzulegen!

ALL ABOUT FEELINGS

Um dir über deine Gefühle klar zu werden, ist es im ersten Schritt notwendig, dass du sie auch benennen kannst. Auf dieser Seite findest du Beispiele für einige Gefühle und dafür, wie du sie zuordnen und beschreiben kannst.

Angst
Beispiele für etwas, das dieses Gefühl in dir auslösen könnte:
- Du fühlst dich bedroht.
- Du erlebst eine Situation, die dich schmerzhaft an die Vergangenheit erinnert.
- Du kommst in eine Situation, die dir neu und nicht vertraut ist.
- Du bist in einer Umgebung, in der du dich hilflos und angreifbar fühlst.
- Es besteht die Gefahr, etwas Wertvolles zu verlieren.
- Jemand könnte dich ablehnen, kritisieren oder unsympathisch finden.

Dankbarkeit
- Dir wird bewusst, wie wertvoll das Leben ist.
- Du lenkst deinen Fokus und deine Energie auf das Positive, das dir im Leben aktuell passiert oder in der Vergangenheit passiert ist.
- Du fühlst eine innere Ruhe und bist motiviert.
- Du siehst alltägliche Dinge nicht als selbstverständlich an.

Eifersucht
- Die Beziehung zu einem dir wichtigen Menschen ist bedroht und könnte auseinandergehen.
- Jemand, den du sehr magst, wendet sich einer anderen Person zu.
- Eine andere Person scheint attraktiver und selbstbewusster für dich zu sein.

Ekel

- Du siehst, riechst oder schmeckst etwas, das unhygienisch und schmutzig ist oder mit dem Thema Tod und Blut zu tun hat.
- Du wirst mit grausamen Dingen wie Rassismus, Verrat oder Missbrauch konfrontiert.
- Du bekommst mit, wie eine andere Person deine Werte tief verletzt.
- Du hast eine Abneigung gegen andere Menschen oder sogar gegen dich und deinen Körper.

Freude

- Die Dinge treten so ein, wie du es dir gewünscht hast – vielleicht werden deine Erwartungen sogar übertroffen oder du wirst positiv überrascht.
- Du hast eine schwierige Aufgabe gemeistert und feierst deinen Erfolg.
- Menschen, die du magst und die dich umgeben, loben, akzeptieren und respektieren dich.
- Du unternimmst Dinge, die dir sehr angenehme Gefühle geben.

Neid

- Eine andere Person hat etwas, das du nicht hast, aber gerne haben möchtest.
- Jemandem wird etwas gegeben oder geschenkt und du bekommst nichts.
- Du denkst, dass das Leben unfair zu dir ist.

Scham

- Du hast hart für etwas gearbeitet und dabei Fehler gemacht.
- Du erfährst (berechtigte) Kritik, vielleicht sogar vor anderen Menschen.
- Andere lachen dich aus oder machen sich lustig über dich.
- Du hast das Gefühl, ein schlechter Mensch zu sein.

Traurigkeit

▨ Du verlierst einen Menschen.

▨ Eine Situation läuft nicht so, wie du es erhofft hast.

▨ Du fühlst dich alleine oder vermisst jemanden.

▨ Du wirst ausgeschlossen oder abgelehnt.

▨ Du denkst an all die Dinge, die du nicht bekommen hast oder nicht bekommen kannst.

Wut

▨ Du oder andere Menschen werden unfair behandelt.

▨ Du wirst am Erreichen eines Ziels gehindert.

▨ Dinge laufen anders, als von dir geplant.

▨ Es passiert etwas unerwartet Negatives.

... es gibt noch viele weitere Gefühle, z. B. Begeisterung, Enttäuschung, Liebe, Neugier, Schuld, Sehnsucht, Stolz oder Zufriedenheit.

REMINDER:
GEFÜHLE

Sie können kommen und wieder gehen.

Sie definieren nicht, wer du bist.

Sie sind da, um gefühlt zu werden.

Sie sind echt, müssen aber nicht immer wahr sein.

Sie sind keine Fakten.

Sie gehören zum Leben dazu.

DU UND DEIN GEFÜHL

Lass uns eine kleine Übung machen! Suche dir ein Gefühl aus und versuche, die Fragen zu beantworten. Es kann ein Gefühl sein, das du häufig empfindest, oder eines, das dich aktuell beschäftigt.

Dieses Gefühl möchtest du dir näher ansehen:

_____

_____

Wie oft empfindest du dieses Gefühl in deinem Alltag?
- Oft
- Regelmäßig
- Selten
- Nie

Wodurch wird das Gefühl ausgelöst? Kannst du ein konkretes Beispiel finden?

_____

_____

_____

_____

Wie fühlt sich das Gefühl in deinem Körper an? Äußert es sich als warmes Gefühl in der Bauchgegend, fühlst du eine Beklemmung in deinem Hals, ist deine Atmung ruhig oder fällt dir noch etwas anderes auf?

_____

_____

_____

Welche Gedanken kommen bei dem Gefühl in dir auf?

_____

_____

_____

_____

_____

_____

Kannst du dem Gefühl erlauben, da zu sein? Schaffst du es, das Gefühl zuzulassen, zu durchleben und dann wieder loszulassen?

- Ja, vollkommen
- Meistens
- Selten
- Nein, noch nicht

UMGANG MIT
SCHLIMMEN GEFÜHLEN

Gefühle wie Liebeskummer oder Trauer wünscht sich nun wirklich niemand. Aber sicher ist: Das Leben ist nicht nur rosarot, sondern manchmal auch mausgrau oder sogar rabenschwarz. Wir alle werden manchmal mit leidvollen Situationen konfrontiert, auf die wir keinen Einfluss haben, z. B. Krankheit und Tod. Die schmerzlichen Gefühle, die damit verbunden sind, gehören zum Leben dazu, genau wie Glück und Freude. Aber wir haben oft nicht gelernt, mit ihnen umzugehen. So machtlos wir uns in solchen Momenten fühlen: Es ist wichtig, diese Gefühle anzunehmen und zuzulassen. Sie dürfen sein! So können wir sie nach und nach loslassen und das Leid wird sich verringern. Kämpfen wir hingegen gegen das schlimme Gefühl an und wollen uns dagegen abschotten, verstärkt es sich und gerät außer Kontrolle.

Warum fordert es so viele von uns heraus, ihre Gefühle zu verstehen und sie zuzulassen? Vielleicht wurden manche dahingehend erzogen, keine »Schwäche« zu zeigen, und möchten nur als »stark« betrachtet werden? Menschen könnten denken, ihre Gefühle würden Umstände bereiten. Wenn diese Glaubenssätze erst einmal entstanden sind, kann der Zugang zu den eigenen Gefühlen erschwert werden. Dann nimmt man Gefühle als unangenehm oder sogar gefährlich wahr.

SO FINDEST DU WEGE AUS DEM GEFÜHLSCHAOS

Wie bei allen Veränderungen, die man sich im Leben für sich selbst wünscht und vornimmt, steht am Anfang die Herausforderung, sich dem Thema zu stellen, um dann in kleinen Schritten und mit Ausdauer immer wieder daran zu arbeiten.

Um dir ein einfaches Beispiel für den Umgang mit Gefühlen zu geben: Stell dir deine Gefühle mal wie Hunde vor. Wenn du sie ignorierst, werden sie immer wieder zu dir kommen und dich fordernd ansehen, dir hinterherlaufen und sich bemerkbar machen – bis du ihnen deine Aufmerksamkeit schenkst. Dann werden sie zufrieden und dankbar sein und dich für eine gewisse Zeit in Ruhe lassen.

Mache dir bewusst, wofür deine Gefühle gut sind und wie sie dir helfen können. Erinnere dich an eine Situation, in der du zunächst schlimme Gefühle hattest, die aber letztlich etwas zum Guten gewendet haben. Vielleicht ist ein Familienmitglied gestorben und die Trauer hat dir geholfen, den schmerzlichen Verlust zu verarbeiten und dich an die schöne gemeinsame Zeit erinnern zu können. Oder dir hat unbändige Wut den Mut gegeben, eine schwierige Beziehung zu beenden, wodurch es dir nun besser geht.

Um das Gefühl kurzfristig zu lindern, kannst du etwas unternehmen, das dir guttut. Mache dir eine Liste mit Aktivitäten, die dir Freude bringen. Weitere Tipps und mehr »Glücksbooster« findest du in Kapitel 6 (ab Seite 146).

Halte dir immer vor Augen: Gefühle kommen und gehen – ob es schöne sind oder eben auch unangenehme.

GEFÜHLE RICHTIG EINORDNEN

Gefühle sichern unser Überleben. Doch sie verursachen auch Stress, der sich vielleicht vermeiden lässt – vor allem, wenn unsere Emotionen nicht den eigentlichen Tatsachen entsprechen oder das Ausleben dieser Gefühle nicht sinnvoll wäre.

Als Erstes ist Achtsamkeit wichtig: Erkenne dein Gefühl und akzeptiere es.

Dann solltest du dich aber fragen: Ist es gerechtfertigt oder nicht? Überprüfe dazu: Entspricht die Emotion den Tatsachen, ist sie der Situation angemessen oder reagierst du vielleicht völlig überzogen? Ein paar Beispiele für konkrete Situationen, die bestimmte Gefühle auslösen können, findest du auf den Seiten 86–88.

Um herauszufinden, ob deine Gefühle auf Tatsachen beruhen, kannst du auch versuchen dir vorzustellen, wie eine entspannte Person an deiner Stelle empfinden würde. Passt dein Gefühl zu dieser Vorstellung und wäre es wirkungsvoll, danach zu handeln? Trifft beides zu, prima: Dann kannst du deinem Handlungsimpuls folgen. Erscheint dir die Handlung nicht sinnvoll oder das Gefühl der Situation nicht angemessen? Dann kannst du entgegengesetztes Handeln versuchen, um das Gefühl abzuschwächen. Denn Gefühle, Gedanken und Handlungen beeinflussen sich gegenseitig!

ENTGEGENGESETZTES HANDELN — LASS DICH NICHT VON DEINEN EMOTIONEN LEITEN!

Beim entgegengesetzten Handeln handelst du entgegen deinem emotionalen Handlungsimpuls. Keine Sorge – so kompliziert, wie sich das anhört, ist es gar nicht: Du tust das Gegenteil von dem, was dein Gefühl dir eigentlich sagt. Oder besser gesagt: das, was die entspannte Person in deiner Vorstellung jetzt tun würde.

Ein Beispiel:
Du sollst in der Schule ein Referat halten und willst mit der ersten Recherche beginnen. Du denkst darüber nach, dass du es gar nicht magst, alleine vor der Klasse zu sprechen. Du stellst dir vor, wie du dich versprichst oder einen Blackout bekommst, wie dich dann alle auslachen und du eine schlechte Note bekommst (Gedanken). Das löst in dir das Gefühl der Angst aus, ausgegrenzt zu werden und zu versagen (Gefühle). Am

liebsten würdest du dich jetzt verkriechen und gar nicht erst am Referat arbeiten oder dich an dem Tag krankmelden (Handlung).

Bleibe in der Situation und setze dich aktiv damit auseinander. Probiere, deine Gedanken zu verändern. Vergleiche dein Gefühl mit ähnlichen Situationen in der Vergangenheit. Vielleicht stellst du fest, dass du überzogen reagierst. Um bei unserem Beispiel zu bleiben: Wie realistisch ist es, dass du dich versprichst und einen Blackout bekommst? Musst du wirklich so große Angst davor haben, dass dich alle auslachen und du direkt eine schlechte Note bekommst?

_____

_____

Was ist in deiner Vorstellung das Schlimmste, was passieren kann? Und ist das wirklich realistisch?

_____

_____

Mache dir nicht nur deine bewussten, sondern auch deine unterbewussten Gedanken klar. Achtung: Hier können auch Gefühle von früher hineinspielen.

Du hast gelernt: Du kannst deine emotionale Reaktion verändern, wenn dein Gefühl nicht den Fakten entspricht.
Lasse nicht zu, dass ein Ereignis ungefiltert deine Emotionen beeinflusst und die wiederum deine Gedanken. Das ist ein Lernprozess, den du in kleinen Schritten gehen kannst.

ACHTSAM-
KEIT

Ich habe Borderline. Meine Erkrankung versetzt mich oft in stressige Situationen, die mich emotional stark belasten. Deshalb muss ich meinem Körper gut zuhören, um nicht in Wut oder Panik zu verfallen. Achtsamkeit hilft mir dabei am besten.

Richtig kennengelernt habe ich Achtsamkeit erst, als ich in der Klinik war. Unser Tag begann immer mit einer Achtsamkeitsübung. Morgens um 7 Uhr liefen wir alle 30 Minuten barfuß über die Wiese, ohne uns zu unterhalten. Ich spürte den kalten Boden unter meinen Füßen, das weiche Gras, den Tau. Die Tulpen fingen gerade an zu blühen, die Vögel sangen: Amseln, Spatzen, Meisen. Ab und zu summte eine Hummel vorbei. Die ganze Wiese war voller Blumen in wunderschönen Farben. In den Büschen fand ich Schnecken, die noch beim Frühstück waren. Sonnenstrahlen wärmten meine Haut. Ich war voll im Moment und nahm alles wahr: die Umgebung, meinen Körper, meine Gedanken. Achtsamkeit hat in meinem Leben eine große Bedeutung. Wenn ich eine Achtsamkeitsübung mache, dann fühle ich mich lebendig und angekommen in meinem Körper. Alle meine Sinne sind aktiviert, ich spüre eine tiefe innere Ruhe und bin geerdet. Im Alltag reichen schon fünf Minuten Ruhe dafür. Setze dich hin oder gehe spazieren und beobachte dabei dein Umfeld und deine Gedanken dazu. Achtsamkeit ist praktisch eine Analyse des IST-Zustands. Sie hilft dir, aufmerksamer durchs Leben zu gehen, und kann dich dabei unterstützen, deine Probleme besser zu lösen. Und am wichtigsten: Sie gibt dir viel neue Energie.

WAS IST EIGENTLICH ACHTSAMKEIT?

»Acht« ist ein altes Wort für »Aufmerksamkeit« oder »Fürsorge« – und genau das steckt in »Achtsamkeit« drin: konzentrierte Aufmerksamkeit auf den Moment, das Hier und Jetzt. Du trägst Fürsorge für dich selbst. Zeit für Achtsamkeit im Alltag ist immer, es reichen schon ein paar Minuten. Suche dir einen schönen Platz: eine Bank im Park, eine ruhige Ecke an deinem Standort ... Jetzt siehst, hörst, riechst und spürst du einmal genau hin, was gerade in deiner Umgebung los ist. Gedanken an nervige Mitmenschen oder anstrengende Aufgaben blendest du aus. So machst du bewusst eine Pause, nimmst dich kurz aus dem Geschehen raus und kannst den Kopf wieder freibekommen.

Darum geht es bei Achtsamkeitsübungen: sich auf sich selbst zu fokussieren, die Gedanken in einen »Flow« zu bringen, die Atmung zu kontrollieren und so einen angenehmen Zustand der Entspannung zu erzeugen.
Bei einem »Flow«-Zustand vergisst man die Zeit, blendet alles um sich herum aus und ist komplett im Hier und Jetzt – ohne sich zu sehr anstrengen zu müssen. Allein, wenn du schon mal eine Strecke »bewusst« gehst, die Füße sauber abrollst, von den Zehen bis zu den Fersen der Bewegung nachspürst, ist das ein Moment der Achtsamkeit und macht etwas mit dir und deiner Stimmung – probiere es mal aus! Gerade in vielen Kulturen Asiens werden Achtsamkeitsübungen hochgeschätzt. Wenn du dich damit intensiver beschäftigen möchtest, sind zum Beispiel Kurse in Yoga oder Tai-Chi ein guter Tipp. Bei beiden geht es darum, Körper und Geist durch gezielte, langsame Bewegung in Einklang zu bringen und die »Lebensenergie« fließen zu lassen.

DUNKLE GEDANKEN

Wieso sollten wir existieren?
Warum sollte ich mich nicht umbringen?
Wer wird mich vermissen, wenn ich nicht mehr da bin?
Was ist der Sinn des Lebens?

Mit 19 hatte ich jegliche Beziehung zu mir selbst verloren. Zu diesem Zeitpunkt hatte ich nur noch extrem negative Gedanken, wie hier oben aufgelistet, und wollte mir das Leben nehmen. Ich fühlte mich ganz taub. Dieser Zustand war kaum noch auszuhalten. Nichts in meinem Leben hatte noch Sinn. Monatelang lag ich im Bett und schaffte es nicht, aufzustehen. Essen oder Duschen war wahnsinnig anstrengend. Meine Gedanken kreisten und ließen mich glauben, dass niemand mich vermissen würde, wenn ich nicht mehr auf dieser Welt wäre.

Solche dunklen Gedanken sind nicht normal, besonders dann, wenn sie gehäuft auftreten. Dann können sie auf eine psychische Störung hinweisen. Wichtig ist, sich in diesem Moment selbst einzugestehen, dass man Hilfe braucht und man nicht mehr so weitermachen kann, wie es gerade ist. Dies zu tun ist eine große Stärke. Das ist der erste Schritt zur Heilung. Du übernimmst Verantwortung für dich selbst. Bitte vertraue dich jemandem an, wenn du ähnliche Gedanken hast, und wirf einen Blick auf Seite 4.

Der einzige Grund, warum ich mich entschieden habe, mir aktiv Hilfe zu suchen, war der Schmerz in den Augen meiner Familie. Sie hatten Angst davor, mich zu verlieren. Es war ein schwerer Weg für mich, aber er hat sich gelohnt. Heute – einige Jahre später – genieße ich mein Leben und bin glücklich. Ich habe mir bewusst gemacht, dass es etwas Besonderes ist, auf dieser Welt zu sein. Wir haben alle nur ein Leben und wissen nicht, was nach dem Tod auf uns wartet.

Du kannst dich bewusst dafür entscheiden, die Schönheit dieser Welt zu sehen. Sei dankbar für die Möglichkeit, dein Leben leben zu dürfen. Du bist dein Main-Character und du darfst entscheiden, wohin deine Reise gehen wird. Das Leben geht immer weiter und nach dem Regen folgt der Sonnenschein.

TURN THE PAIN
INTO POWER.

SELBSTHASS UND SELBST-ZERSTÖRUNG

Du bist nicht gut genug, du bist hässlich.
Hast du mitbekommen, wie sie über dich geredet haben?
Was kannst du überhaupt? Wie gibst du dich? Das ist doch peinlich.
Du bist doch selbst schuld, dass dich niemand mag.
Du bist ein Versager.

Früher habe ich mich selbst gehasst. Dunkle Gedanken haben mich täg-lich begleitet und sich immer weiter verschlimmert. Irgendwann wollte ich nicht mehr leben. Worte können uns wehtun und uns langfristig verletzen. Mein Selbsthass von damals ist das Resultat aus toxischen Beziehungen und Mobbingerfahrungen gewesen. Es hat sehr lange gedauert, bis ich verstanden habe, dass ich nicht meine Gedanken bin und auch woher die Gedanken ge-kommen sind.

Wie redest du eigentlich mit dir selbst? Lieb und respektvoll oder verachtend und herablassend? Gehst du gut mit dir selbst um? Hast du Zeit für dich selbst oder bist du nur für andere da? Triffst du dich immer noch mit diesen Leuten, die hinter deinem Rücken über dich lästern? Es ist wichtig, dass du in dich hineinhörst. Denn wie wir mit uns selbst umgehen, bestimmt unser ganzes Leben. Die Kraft der Gedanken ist mächtig – egal, ob positiv oder negativ.

Aber ab welchem Zeitpunkt ist man nicht mehr gut zu sich selbst? Ich stelle mir das immer wie bei dem Computerspiel »Die Sims« vor. Wir haben Grundbedürfnisse: Schlafen, Essen, soziale Kontakte und Spaß. Diese Grundbedürfnisse musst du stillen, sonst fühlst du dich unwohl und dein Körper zeigt dir, dass etwas schiefläuft: Magenschmerzen, Antriebslosigkeit oder Müdigkeit können Symptome sein. Schau dann genau auf dein Umfeld. Gibt es Menschen, die negative Gefühle bei dir hervorrufen? Wenn ja, dann solltest du sie aus deinem Umfeld entfernen. Auch dann, wenn es Freund*innen oder sogar Beziehungspartner*innen sind, die für dich toxisch sind. In einem toxischen Umfeld kann man nicht heilen. Aber auch du selbst solltest in deinen Fokus rücken. Trinkst du Alkohol, rauchst du oder nimmst du Drogen? Mach dir bewusst, dass diese Dinge Gift für deinen Körper sind. Sie betäuben dich nur, lösen aber nicht deine Probleme. Dein Körper wird dir sehr danken, wenn du eine Pause einlegst oder den Konsum reduzierst.

Selbsthass zu bekämpfen, ist eine schwierige Aufgabe. Man muss täglich an sich arbeiten – dann kann es gelingen! Früher war ich Pessimistin und habe nicht viel von mir selbst gehalten. Meine Gedankenwelt war sehr negativ. Erst, als ich mich aktiv dazu entschieden habe, meinen Selbsthass anzugehen, wurde es besser. Ich verdiene ein schönes Leben und bin es wert, geliebt zu werden. Optimistisch zu sein und das Gute in der Welt zu sehen, hat mir sehr dabei geholfen.

Wenn es dir schwerfällt, du viele negative Gedanken hast oder der Selbsthass sehr stark ist, dann kannst du dir professionelle Hilfe holen (siehe Anlaufstellen auf Seite 4). Negative Gedanken sind nicht gesund und können schlimme Folgen haben. Bei mir haben sie sich in Selbstmordgedanken verwandelt. Deswegen ignoriere bitte nicht, was in deinem Kopf los ist, sondern entscheide dich, aktiv etwas zu tun. Du bist es wert!

SELBSTVERLETZUNG UND SELBSTZERSTÖRERISCHES VERHALTEN

Warum sorgen wir oft so schlecht für uns selbst? Zu wenig schlafen, nur Junkfood, Snacks und Süßigkeiten essen, negativ mit sich selbst sprechen, unter permanentem Stress stehen, zu viel Zeit am Handy verbringen, regelmäßig Alkohol trinken oder Zigaretten rauchen, wenig bewegen, keine sozialen Kontakte haben, sich mit toxischen Menschen umgeben ... und das, obwohl wir es eigentlich besser wissen.

Beim Thema selbstzerstörerisches oder selbstverletzendes Verhalten denken die meisten wohl an Verhaltensweisen, bei denen Menschen ihren Körper aktiv schädigen, z. B. indem sie sich schneiden, den Kopf absichtlich gegen die Wand schlagen oder sich die Haare ausreißen. Doch auch ungesunde Lebensweisen wie Drogen- und Alkoholmissbrauch, Spiel-, Ess- und Kaufsucht, ungeschützter Sex und toxische Beziehungen fallen darunter.
Bei Menschen mit einer Borderline-Störung lenkt das selbstverletzende Verhalten den emotionalen Schmerz an eine andere Stelle.

Frage dich, was genau selbstzerstörerisches Verhalten bei dir auslöst. Oft geht es darum, sich von schmerzvollen Gedanken oder starken negativen Gefühlen wie Angst, Sorgen und Wut abzulenken. Nehmen wir einmal an, du trinkst zu viel Alkohol. Warum tust du das? Vielleicht bist du unsicher, möchtest dazugehören, ertränkst Scham, Reue oder Schuldgefühle oder fühlst dich gestresst, überfordert oder einsam? Sich der eigenen Gefühle bewusst zu werden, ist der erste wichtige Schritt. Vermeide Situationen, die Auslöser für dein selbstzerstörerisches Verhalten sind. Und entscheide dich stattdessen bewusst dafür, deinen Körper und deine Seele gesund zu halten.

Behalte im Hinterkopf, dass wir oft versuchen, unseren Stress zu bewältigen, indem wir Junkfood essen, uns nicht bewegen (was aber gegen Stress hilft) oder zu wenig schlafen. Fange klein an und schreibe dir erst mal eine Liste mit den Dingen, die dich entspannen. Hänge den Zettel an einem Ort auf, an dem du immer wieder vorbeikommst, damit du dich bei einem hohen inneren Druckgefühl daran zurückerinnern kannst.

Instabile Bindungen in Beziehungen erhöhen das Risiko von selbstzerstörerischem Verhalten – pflege daher deine sozialen Kontakte und trenne dich von Menschen, die dir Energie rauben oder dich nur ausnutzen. Finde positive Alternativen, sobald du in eine Situation kommst, in der du »normalerweise« zu selbstzerstörerischem Verhalten neigen würdest. Du könntest zum Beispiel eine Freundin besuchen, dich um Tiere oder Pflanzen kümmern, singen, lesen, schreiben oder malen. Übrigens: Oft suchen wir die Schuld für unser selbstzerstörerisches Verhalten ausschließlich bei anderen und sehen nicht, dass wir selbst auch unseren Teil dazu beitragen. Übernimm die Kontrolle über dein Leben, indem du deine Probleme aktiv angehst und dich dafür entscheidest, dich nicht länger selbst zu sabotieren.

ZIGARETTEN, ALKOHOL UND ANDERE DROGEN

Drogen laufen uns allen früher oder später über den Weg. Und gerade, wenn man jung ist, ist Gruppenzwang immer ein riesiges Thema. Niemand will die Person sein, die nicht dazugehört. Trotzdem solltest du dich fragen: Ist mir die Erfahrung das wert? Und ist es sinnvoll, die eigene Gesundheit zu gefährden, um anderen zu gefallen?

Im Laufe meines Lebens wurden mir bestimmt schon Hunderte Zigaretten angeboten und ich habe alle abgelehnt. Keine einzige Zigarette habe ich bisher geraucht. Als ich zehn Jahre alt war, hat mir die Lungenärztin erklärt, dass Rauchen für mich lebensgefährlich sein kann. Wegen meines Asthmas würde ich bei der ersten Zigarette ersticken. Heute weiß ich: Das stimmt so nicht. Aber ihre Warnung ist mir im Kopf geblieben und ich habe mich nie getraut, das Rauchen auszuprobieren. Stattdessen habe ich bei meinen Freund*innen gesehen, wie süchtig Zigaretten machen. Und keine*r von ihnen hat sich lange Gedanken gemacht, welche Schäden später mal auftreten könnten.

Dafür aber habe ich früher fast jedes Wochenende Alkohol getrunken. Ich fand das Gefühl witzig und habe mich mehr getraut. Mit meinen Freund*innen habe ich eine Menge lustige Zeiten gehabt. Trotzdem sollte man Alkohol nicht unterschätzen. Ich glaube, viele Menschen in meinem Alter haben ein ungesundes Verhältnis zu Alkohol und manche von ihnen haben eine Sucht entwickelt. Denn es gilt gesellschaftlich ja als so normal, Alkohol zu trinken. Erst trinkt man, um Spaß zu haben, dann zum Abschalten und schnell ist man dabei, mit Alkohol den Stress vergessen zu wollen oder sich zu betäuben.

Und dann gibt es natürlich noch eine Menge anderer Drogen. Ich selbst habe schon eine gefährliche Erfahrung mit Cannabis gemacht. Mir wurde immer gesagt, dass man es nicht überdosieren kann und nichts Schlimmes passieren kann. Aber das stimmt so nicht. Bei einem Cannabiskonsum wurde mein Kreislauf plötzlich instabil und ich bekam Panik. Ich hatte das Gefühl, ich würde gleich sterben. Noch zwei Monate lang war mein Kopf so durcheinander, dass ich stotterte.

Dass man neugierig ist, ist total normal. Trotzdem solltest du dich immer informieren. Was auf den ersten Blick harmlos erscheint, kann auf den zweiten Blick sehr gefährlich sein. Und du solltest immer dein Limit kennen. Lass dich nicht vom Gruppenzwang unterkriegen. Er ist total unnötig, auch wenn wir das als junge Menschen oft nicht begreifen. Pass also auf dich auf und mach nicht alles nach, was die anderen tun. Deine Gesundheit ist wichtiger als ein kurzer Spaß.

MEIN WEG ZUR SELBST-HEILUNG

Ich habe dir schon erzählt, dass ich viele negative Gedanken hatte und sogar daran dachte, mir das Leben zu nehmen. Dann kam der Tag, an dem ich mir selbst das Leben rettete. Zu dem Zeitpunkt war ich schon monatelang bei einem Psychiater in Behandlung, ohne ihm den wahren Grund zu verraten, warum ich kam. Er wusste, dass ich öfter unter Migräne litt.

An diesem Tag hatte ich einen Termin für eine Sitzung. Ich beschloss, ihm diesmal die Wahrheit zu sagen. Statt eines Abschiedsbriefes an meine Familie schrieb ich einen Brief an meinen Psychiater. Ich schrieb all meine dunklen Gedanken auf. Alles, was in mir vorging, dass ich mich selbst verletzte und den Wunsch hatte, mich umzubringen. Ich nahm mir fest vor, den Zettel in der Sitzung laut vorzulesen.

Als ich ankam, setzte ich mich ins Wartezimmer. Ich war sehr aufgelöst zu diesem Zeitpunkt, aber ich musste warten, weil ein Mann zu einem Notfallgespräch hereinkam. Sofort erkannte ich ihn: Es war mein ehemaliger Klassenlehrer. Er sah ganz blass aus und schaute starr in die Gegend. Meine Wartezeit kam mir vor wie eine Ewigkeit. Doch dann war es endlich so weit: Ich durfte in das Sprechzimmer. Erst zögerte ich noch, aber dann fasste ich Mut. Unter Tränen las ich meinen Zettel mit zitternder Stimme vor. Der Psychiater sagte zu mir: »Gut, dass Sie das gemacht haben, jetzt können wir Ihnen helfen.« Mir fiel ein Stein vom Herzen.

Der Psychiater tippte bei mir auf eine Persönlichkeitsstörung. Ziemlich schnell wurde ich in eine psychiatrische Klinik eingewiesen. Am ersten Tag wollte ich eigentlich wieder gehen, aber nach einer Woche verstand ich, was für ein heilender Ort die Klinik war. Ich bekam einen Stundenplan mit Therapiesitzungen, den ich von Montag bis Freitag abarbeitete. Am Wochenende durfte ich meine Familie besuchen. Das war schon sehr streng, aber auch gut. Ich war abgeschnitten von der Außenwelt – kein Fernseher, kein Internet.

Drei Monate war ich in der Klinik. Sie war wie ein zweites Zuhause für mich, wie ein Feriencamp für die Seele. Hier habe ich Dinge gelernt, die ich sonst wahrscheinlich nie gelernt hätte. Und am wichtigsten: Ich hatte Zeit für mich und meine Heilung. Es gefiel mir so gut dort, dass ich am liebsten nicht mehr gegangen wäre. Ich fand dort wieder zu mir selbst zurück, fing an, mich wieder zu bewegen und Sport zu machen. Und ich konnte mich mit Menschen austauschen, denen es so ging wie mir. Wir haben uns gegenseitig viel geholfen, waren füreinander da, backten Kuchen oder grillten – es fühlte sich an wie eine kleine Familie.

Einige Wochen nach dem Gespräch beim Psychiater erfuhr ich bedauerlicherweise, dass der Lehrer, den ich in der Praxis gesehen hatte, sich das Leben genommen hatte. Dieser Vorfall zeigte mir erneut, wie ernst man psychisch Erkrankte nehmen muss.

Als meine Entlassung anstand, fiel es mir schwer, mich zu verabschieden. Ich dachte, ich sei jetzt geheilt. Aber schon nach wenigen Tagen bemerkte ich leider: Das stimmt nicht. Ich stand erst ganz am Anfang meines Weges. In der Klinik habe ich nur die Grundbausteine kennengelernt, die ich nun täglich anwenden muss, um ein normales und erfülltes Leben zu führen.

PSYCHO-
SOMATIK

In der Schule ging es mir oft schlecht. Der Ort hat in mir oft Panik und Angst ausgelöst: Ich wollte zwar lernen, aber ich hatte schreckliche Angst, zu versagen. Das Bewertungssystem setzte mich unter Druck und schlechte Noten zerstörten mein Selbstwertgefühl. Und dazu kam, dass ich ein »Weirdo« war. Ich hatte zwar enge und gute Freund*innen, aber gleichzeitig war ich immer die Person, über die heimlich gelästert wurde. Das hat unterbewusst mit mir einiges gemacht.

Die einzige Zeit, in der man nicht zur Schule muss, ist, wenn man krank ist. Und so wurde ich oft krank: Kopfschmerzen, Übelkeit, Bauchschmerzen. Es war fast eine Tradition für mich, einmal im Jahr im Krankenhaus zu sein. Dort konnten die Ärzt*innen nie wirklich herausfinden, was mir fehlte. Meine Schmerzen waren real, sie waren so stark, dass ich manchmal kaum laufen konnte. Mein Körper produzierte die Schmerzen, um mich zu beschützen. Denn zur Schule zu gehen, hatte mich so sehr unter Druck gesetzt, dass ich sogar an Selbsttötung dachte. Ohne Abitur hätte ich mich wertlos gefühlt. Als ich endlich die Schule beendet hatte, hörten auch die Schmerzen auf.

Körper und Seele spielen immer zusammen und psychische Probleme können auf den Körper umschlagen. Schmerzen und Unwohlsein sind Frühwarnsysteme, die uns darauf hinweisen, dass etwas in unserem Leben nicht stimmt. Dann ist es wichtig, genau hinzuhören und eine Pause einzulegen.

DAILY REMINDER:

OVERTHINKING → WRITE

ANXIOUS → MOVE

TIRED → READ

CONFUSED → WALK

SAD → EXERCISE

WIE ES IST, BORDERLINE ZU HABEN

MEINE ERFAHRUNG

Die Borderline-Persönlichkeitsstörung ist eine schwere psychische Krankheit, die man als außenstehende Person nicht nachempfinden kann. Die Symptome äußern sich bei Borderliner*innen unterschiedlich, es gibt keine allgemeine Symptomatik. Deshalb spreche ich in diesem Text ausdrücklich nur von meinen eigenen Erfahrungen.

Die Persönlichkeitsstörung äußert sich bei mir als extreme Ausnahmesituation, bei der meine Gefühle explodieren – ich bezeichne das als Anfall. Dieses Gefühlschaos kann ein normaler Mensch gar nicht nachvollziehen. Ich erkläre es immer so: Stell dir das schlimmste Gefühl vor, das du je in deinem Leben hattest – Trauer oder Wut zum Beispiel. Und nun stell es dir zehnmal intensiver vor. Schrecklich, oder? Und genau das passiert mit mir bei einem Anfall. Ich verliere die Kontrolle über mein Verhalten und drehe mental und körperlich komplett durch. Das ist gefährlich für mich und auch für andere. Es ist so schrecklich, dass ich in diesen Momenten manchmal nicht mehr leben möchte und mich selbst verletze. Danach falle ich in eine Depression und muss mich vom Anfall erholen. Deshalb muss ich diese Anfälle unbedingt vermeiden!

Ich muss also immer aufpassen, auf welcher Anspannungsebene ich mich befinde. Achtsamkeit ist in solchen Situationen mein Werkzeug, um mich selbst zu analysieren. Zur Erklärung eignet sich hier die Spannungskurve in einem Diagramm. Bei 0 % bin ich entspannt und mir geht es gut. Bei Problemen oder Konflikten steigt die Spannung langsam an. Ich muss mich und meine Gefühle beobachten. Habe ich Kopfschmerzen? Bin ich sehr geräuschempfindlich? Habe ich nasse Hände? Bin ich gerade wütend auf Menschen, die mir gar nichts getan haben, und provoziere ich sie? Wenn ich merke, dass ich langsam bei 70 % Anspannung ankomme, ist das meine letzte Möglichkeit, die Situation zu verlassen. Tue ich das nicht, dann pushe ich mich selbst auf 100 %, ansonsten verliere ich mich selbst. Diesen Zustand beschreibe ich immer so: Es ist, als würde ein Dämon die Macht über mich ergreifen und viele schreckliche Dinge tun. In solchen Momenten ist jeder für mich ein Feind und möchte mir etwas Böses. Diese Trance endet erst dann, wenn meine körperliche Energie aufgebraucht ist und ich erschöpft zusammenfalle.

Routinen, eine gesunde Lebensweise und Auszeiten helfen mir dabei. Ich stehe jeden Tag früh auf, mache Sport, esse mindestens drei Mahlzeiten am Tag und räume meine Wohnung auf. Das sind viele kleine Dinge, aber sie sind die Grundlage für Sicherheit. Ich habe gelernt, meine Bedürfnisse für mich an erste Stelle zu stellen, egal, was andere davon halten mögen. Wird mir eine Situation zu viel, dann verlasse ich sie und denke nicht darüber nach, ob das jemand blöd findet. Es ist okay, wenn ich als Erste eine Party verlasse. Und auch meinen Freund*innen sage ich, wenn es mir schlecht geht. Wir besprechen immer unsere Verhaltensweisen und lernen dabei voneinander. Jede Beziehung hat ihre Konflikte, aber es ist wichtig, miteinander zu sprechen und Lösungen zu finden.

PSYCHISCHE
KRANKHEITEN

A ls psychische Störungen versteht man grundsätzlich alle Erkrankungen, die vom Erleben oder Verhalten von psychisch gesunden Menschen abweichen. Sie wirken sich auf das Denken, Fühlen und Handeln der betroffenen Person aus. Psychische Störungen sind verbreiteter, als man vielleicht annehmen mag. Statistisch gesehen leidet jeder zweite Mensch einmal in seinem Leben daran. Dennoch scheuen sich viele Betroffene immer noch, offen über ihre Probleme zu sprechen. Kein Wunder, denn sie werden oft Opfer von Vorurteilen.

Die nachfolgende Übersicht mit kurzen Beschreibungen ist nicht vollständig, soll nur einen ersten Eindruck vermitteln und nicht dazu dienen, sich selbst oder anderen eine Diagnose zu stellen. Das kann nur ausgebildetes Fachpersonal, z. B. Psychotherapeut*innen oder Psychiater*innen!

ABHÄNGIGKEITSERKRANKUNGEN UND SUCHTSTÖRUNGEN

Hierunter werden sowohl Abhängigkeiten von Drogen (legale und illegale) als auch Verhaltenssüchte wie Spiel-, Handy- oder Social-Media-Sucht verstanden. Wenn Süchtige ihrem Zwang nach der Substanz oder dem Tun nicht nachgeben, kann es zu Entzugserscheinungen kommen. Betroffene vernachlässigen durch die Erkrankung alles andere, weil die Befriedigung der Sucht im Mittelpunkt steht.

AFFEKTIVE STÖRUNG

Wir kennen es alle: Manchmal sind wir richtig gut drauf und manchmal ist unsere Stimmung gedrückt. Sind diese Grundstimmungen oder Gefühlslagen jedoch sehr stark bzw. krankhaft verändert oder langanhaltend, könnte eine affektive Störung vorliegen.

Am bekanntesten ist die Depression, bei der die Stimmung unangemessen gedrückt ist. Menschen mit Depression empfinden über einen längeren Zeitraum hinweg keine Freude mehr, sind niedergeschlagen, haben keinen Antrieb mehr, verlieren das Interesse an vielen Dingen und haben oft auch dunkle Gedanken wie beispielsweise an Suizid. Hinzu kommen noch viele weitere Beschwerden wie Schlaf- oder Konzentrationsstörungen.

Das Gegenstück von Depression ist die Manie. Betroffene sind euphorisch, ihre Stimmung ist ungewöhnlich stark gehoben und sie haben das Gefühl, Bäume ausreißen zu können. Sie können außerdem einen gesteigerten Antrieb, eine überhöhte Selbsteinschätzung, Ruhelosigkeit und ein vermindertes Schlafbedürfnis haben.

Wenn sich depressive und manische Phasen abwechseln, wird von einer bipolaren Störung gesprochen.

ANGSTSTÖRUNGEN

Sie zählen zu den bekanntesten psychischen Krankheiten. Während jede*r von uns in gewissen Situationen schon mal Angst verspürt, ist krankhafte Angst ein andauernder Zustand. Eine Angststörung kann z. B. alle Lebensbereiche betreffen, mehr als sechs Monate anhalten und ohne scheinbaren Auslöser passieren. Dabei ist die Angst schwer zu kontrollieren und geht oft einher mit schlechter Laune, Müdigkeit, Schmerzen, Unruhe, Schlaf- und Konzentrationsstörungen. Die Auswirkungen können so stark sein, dass Betroffene nicht mehr in der Lage sind, das Haus zu verlassen. Auch Phobien (eine übertriebene Angst vor bestimmten Dingen), Panikattacken (ein plötzlicher Angstanfall) und Zwangsstörungen (Drang, bestimmte Handlungen oder Gedanken auszuführen und/oder zu wiederholen) werden zu den Angststörungen gezählt.

PERSÖNLICHKEITSSTÖRUNGEN

Borderline-Persönlichkeitsstörung

Bei einer Borderline-Persönlichkeitsstörung ist meistens die Emotions-
regulation gestört. Das bedeutet, dass Betroffene Probleme damit haben,
ihre Gefühle zu steuern. Es gibt eine Reihe von Verhaltensweisen, die bei
dieser komplexen Störung vorliegen können. Das Auftreten und die Inten-
sität davon zeigen sich bei jedem betroffenen Menschen unterschiedlich.
Oft tritt bei ihnen ganz plötzlich eine innere Anspannung auf, der sie kein
eindeutiges Gefühl zuordnen können. Außerdem empfinden sie häufig eine
Reihe von sehr schmerzhaften Gefühlen, wie Trauer, große Wut oder Angst,
z. B. vor dem Verlassenwerden. Um damit umzugehen, verhalten sie sich
impulsiv oder selbstschädigend, z. B. durch Substanzmissbrauch. Es kann
u. a. zu Selbstmordgedanken oder selbstverletzendem Verhalten kommen.
Betroffene können eine Identitätsstörung haben, d. h., sie zweifeln an ihrem
Selbstbild und sind sich über ihre Ziele und Vorlieben unsicher. Manche
berichten von paranoiden Vorstellungen, d. h., sie haben das Gefühl, dass
andere Menschen ihnen etwas Böses wollen, oder von dissoziativen Symp-
tomen, d. h., sie haben keine Verbindung mehr zu ihrem Körper oder ihren
Gefühlen und empfinden eine Leere. Im Umgang mit anderen Personen
können sie ein impulsives Verhalten mit unerwarteten Handlungen an den
Tag legen, was zu Streitereien und Konflikten führt.

Narzisstische Persönlichkeitsstörung

Der Begriff »Narzisst« ist in den letzten Jahren vermehrt in den Medien
besprochen worden. Eine Diagnose zu stellen, ist gar nicht so einfach, wir
sollten deswegen nicht leichtsinnig mit diesem Begriff um uns werfen.
Menschen mit einer narzisstischen Persönlichkeitsstörung tendieren zum
Größenwahn. Sie fühlen sich z. B. anderen Personen überlegen und werten
diese ab, überschätzen ihre Fähigkeiten und möchten bewundert werden.
Ihren Selbstwert machen sie mehr als üblich von der Anerkennung anderer
abhängig. Dabei fehlt es ihnen an Empathie und Mitgefühl.

ESSSTÖRUNGEN

Bei Essstörungen haben Betroffene ein gestörtes Verhältnis zum Essen und zu ihrem Körper. Die bekanntesten Essstörungen sind Magersucht und Bulimie.

Bei einer Magersucht nehmen Betroffene durch Hungern und Nahrungsverweigerung extrem ab, ihr äußeres Erscheinungsbild ist auffällig dünn. Viele von ihnen leiden an einer Körperschemastörung – das heißt, dass sie eine krankhaft verzerrte Wahrnehmung ihres eigenen Körpers haben und sich selbst trotz starkem Untergewicht noch als zu dick ansehen und fühlen. Deswegen geht die Krankheit oft mit einer großen Angst vor dem Zudicksein oder vor einer Zunahme einher.

Menschen mit Bulimie oder auch Ess-Brech-Sucht kontrollieren ihr Essverhalten sehr stark und erlegen sich strenge Regeln auf. Häufig kommt es zu Heißhungerattacken, bei denen sie sehr viel in kürzester Zeit essen und anschließend erbrechen, viel Sport machen oder andere Dinge tun, um eine Gewichtszunahme zu verhindern.

Eine weitere Essstörung ist die Binge-Eating-Störung. Menschen mit dieser Erkrankung haben regelmäßige Heißhunger- und Essattacken, bei denen sie sehr viele Lebensmittel zu sich nehmen und die Kontrolle über das Essen verlieren. Im Gegensatz zur Bulimie übergeben sich Betroffene nicht und neigen daher oft zu Übergewicht.

Du siehst also, psychische Krankheiten sind sehr unterschiedlich, haben die verschiedensten Ausprägungen und Ursachen. Sie sind aber heutzutage zum Glück gut behandelbar, wenn man sich Hilfe sucht. Es ist in jedem Falle wichtig und der erste Schritt zur Heilung, mit jemandem über die eigenen Probleme zu sprechen.

KAPITEL 5

DU TRÄGST DIE VERANT- WORTUNG FÜR DICH

ÜBER STRESS, ÄNGSTE UND ROUTINEN

DU HAST
SCHON SO VIEL
GESCHAFFT.
*VERTRAUE
AUF DICH.*

WAS MAN GEGEN
STRESS UND BELASTUNG
TUN KANN

Jeder Mensch empfindet Stress anders und belastet ihn auch unterschiedlich stark. Wenn du das Gefühl hast, eine Situation überfordert dich gerade so stark und setzt dich so unter Druck, dass du nur noch weglaufen möchtest, ist das eine sogenannte »Hochstressphase«. Damit du solche Ereignisse gut meistern und in Zukunft vielleicht sogar vermeiden kannst, gibt es Methoden und kleine Übungen für den Alltag. Sie helfen dir, nicht mehr so stark auf Stress zu reagieren und gelassener zu bleiben.

STRUKTURIERT ZUR LÖSUNG

Ein Problem, für das du keine Lösung findest, oder eine scheinbar ausweglose Situation macht dir gerade sehr zu schaffen? Hier kann ein ruhiger Moment mit Stift und Papier hilfreich sein. Verwende die Tabelle rechts oder übertrage sie auf ein Papier. Schreibe in die erste Spalte, vor welcher Herausforderung du gerade stehst und was dich belastet. Dadurch nimmst du das Problem an (zum Beispiel: Angst vor einer schwierigen Klassenarbeit). Überlege jetzt, ob du diese Herausforderung alleine oder mit jemandem zusammen angehen und meistern kannst. Damit analysierst du die Lage, setzt dich mit der Schwierigkeit auseinander und überlegst in Ruhe, welche Lösungsmöglichkeiten es gibt (z. B. selbst lernen, Mitschüler*innen um Rat fragen, Lehrer*innen um zusätzliches Material bitten, Eltern nach Hilfe fragen).
Zum Schluss entscheidest du, ob sich das Problem so für dich löst, und

kreuzt die entsprechende Spalte an. Ist das Problem lösbar, gehe direkt die Schritte zur Lösung an. Je eher du dich darum kümmerst, desto schneller entspannt sich die Lage. Erscheint dir das Problem nicht lösbar, akzeptiere auch das. Es hilft oft, zunächst einmal »darüber zu schlafen«, eine Nacht Pause zu haben und dann noch einmal von vorn mit der Lösung zu beginnen oder mit jemandem darüber zu sprechen.

Aktuelle Herausforderung	Lösungs-möglichkeiten	Lösbar	Nicht lösbar
		▪	▪
		▪	▪
		▪	▪
		▪	▪
		▪	▪

TO-DO-LISTE FÜR MEHR STRUKTUR

Stress entsteht, wenn wir mehrere Dinge gleichzeitig schaffen wollen und das auch noch perfekt. Gerade im Job oder bei organisatorischen Dingen kann es helfen, sich eine To-do-Liste für die Woche zu machen: Was muss bis wann erledigt sein, was muss ich zuerst machen, wo kann ich Auszeiten einplanen? So ist die Gefahr geringer, Dinge aufzuschieben, bis es nicht mehr geht.

BERUHIGUNG UND ENTSPANNUNG DURCH DIE FÜNF SINNE

Setze deine Sinne bewusst ein, um Entspannung und Ablenkung zu erzeugen. Sei dabei ganz im Hier und Jetzt. Es klingt vielleicht zunächst komisch, den Fischen im Aquarium zuzugucken, aber es hilft! Konzentriere dich intensiv auf deine Eindrücke: Beobachte die Bewegungen der Wolken am Himmel, hör dem Vogelgezwitscher oder den Regentropfen zu, rieche bewusst das frisch gemähte Gras oder die Erde nach einem Regenschauer, lutsche ein aromatisches Bonbon, spüre den Schaum und die Wärme des Wassers in der Badewanne. Solche Auszeiten bremsen den Stress aus – das Problem ist danach sicher nicht weg, aber der Kopf ist wieder etwas klarer für neue Überlegungen.

Was kannst du jetzt gerade wahrnehmen?

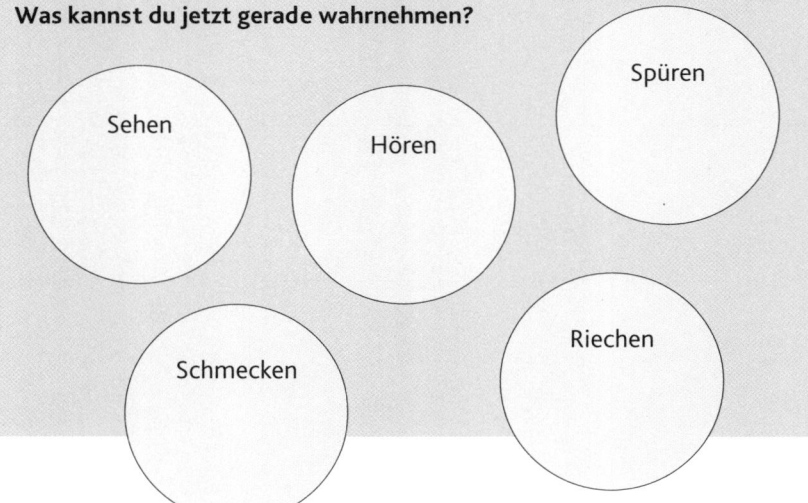

PURZELBAUM IM KOPF

Wenn du bei deiner aktuellen Tätigkeit merkst, dass dich ein Projekt gerade so sehr anstrengt, dass es deine Gedanken blockiert, gib deinem Gehirn in einer Pause kurz etwas anderes zu tun. Lenke es in eine komplett andere Richtung, indem du ihm Aufgaben stellst:

- Nenne 10 Tiere mit »K«!
- Zähle von 100 rückwärts!
- Liste die Geburtstage deiner Freund*innen in der richtigen Reihenfolge auf!
- Welche blauen Dinge kannst du in deiner Umgebung sehen?

LACHEN

Auch wenn dir so gar nicht danach ist – Lachen ist eine gute Medizin, vor allem gegen Stress. Gerade weil Lachen das totale Gegenteil ist, kommt dein Gehirn, das noch voll auf Stress und negative Action programmiert war, komplett aus dem Tritt. Schaue dir eine Komödie im Fernsehen an, eine Comedy-Show auf der Bühne, spiele ein lustiges Gesellschaftsspiel mit deinen Freund*innen – Hauptsache, du lachst befreit dabei. Das schüttet Glückshormone aus, die für Entspannung sorgen und dich von negativen Gedanken zumindest für den Moment ablenken. Du schöpfst Kraft für neue Aktionen.

Das bringt mich zum Lachen:

_____

_____

_____

_____

HILFE SUCHEN UND ANNEHMEN

Natürlich verschwinden gravierende oder existenzielle Sorgen wie Geldprobleme, Jobverlust oder eine verpatzte Prüfung nicht durch solche Übungen. Aber du kannst lernen, besser und gelassener damit umzugehen, ohne in Panik und Überreaktionen zu verfallen.

Das Wichtigste: Du bist nicht allein in solchen Situationen. Wenn du dich Freund*innen oder Familie nicht anvertrauen willst oder kannst, gibt es Beratungsstellen, an die du dich wenden kannst (Familienberatung, Verbraucherzentralen, Jobcenter, Wohlfahrtsverbände). Adressen findest du am Anfang des Buches oder im Internet. Nimm solche Hilfe an, dafür sind die Menschen dort geschult. Es gibt immer eine Lösung – auch wenn du sie gerade (noch) nicht sehen kannst!

EVERY DAY

IS A SECOND CHANCE.

ÜBUNGEN ZUR
STRESSBEWÄLTIGUNG

Mit ein paar einfachen Übungen und Techniken, die du gut in deinen Alltag integrieren kannst, sorgst du für Entspannungspausen und bewusste Auszeiten. Dann kann es mit neuer Kraft wieder losgehen.

FÜHLE DEINEN KÖRPER

Such dir eine bequeme Unterlage, zum Beispiel eine Yogamatte. Du kannst auch ein kleines Kissen unter deinen Kopf legen, wenn das für dich gemütlicher ist. Und dann geht die Reise durch den Körper los: Wenn du magst, schließe die Augen und atme tief und gleichmäßig. Spüre zuerst deinen ganzen Körper und konzentriere dann deine Aufmerksamkeit komplett auf deinen kleinen Zeh – rechts oder links ist egal. Vielleicht spürst du dabei ein Kribbeln, vielleicht zuckt der Zeh oder du spürst auch einfach nichts – auch das ist okay. Atme weiter tief und gleichmäßig und wandere dann mit der Aufmerksamkeit langsam erst durch den einen, dann durch den anderen Fuß, von den Zehen über die Sohle bis zu den Fersen. Nach und nach konzentrierst du dich dann auf die anderen Körperteile von unten nach oben, atmest ruhig und konzentriert, bis du am Scheitelpunkt deines Kopfes angelangt bist. Das kann ruhig eine halbe Stunde und länger dauern. Setze dich zum Schluss langsam auf (Achtung, Kreislauf!) und genieße noch einen kurzen Moment der Stille.

PROGRESSIVE MUSKELENTSPANNUNG

Diese Entspannungsmethode wurde von dem Physiologen Edmund Jacobson entwickelt. Dabei spannt man im Liegen oder Sitzen verschiedene Muskelgruppen des Körpers aktiv an und lässt dann wieder locker. Es ist eine tolle Übung, bei der du dich durchgehend ganz intensiv auf dich selbst konzentrierst. Du blendest äußere Reize aus und kommst so in einen ruhigen Zustand der Entspannung. Hier eine Kurzanleitung:

1. Setze dich bequem hin und lege deine Hände auf deine Oberschenkel. Spüre deine Füße auf dem Boden.

2. Nimm drei tiefe, langsame Atemzüge und spüre dabei, wie sich deine Bauchdecke hebt und senkt.

3. Spanne nun beide Arme und Hände (als Fäuste geballt) ganz fest an und halte die Spannung für sechs Sekunden. Lasse nun locker und entspanne dich. Spüre, wie leicht sich deine Arme nun anfühlen.

4. Als Nächstes spannst du das Gesicht an. Dabei kannst du eine Grimasse machen. Die Anspannung hältst du wieder für sechs Sekunden und danach lässt du wieder alles locker.

5. Das Letzte, was du nun für sechs Sekunden anspannst, sind der Po, die Beine und die Füße: Presse deine Gesäßmuskeln zusammen, spanne die Oberschenkelmuskeln an und ziehe die Zehen nach oben.

6. Entspanne dich zum Abschluss und bleibe noch einige Minuten lang ruhig sitzen, während du dabei deine Atmung wahrnimmst.

ACHTSAM SEIN

Achtsamkeitsübungen können dir ebenfalls helfen, Stress abzubauen – du findest einige Ideen dazu auf den Seiten 97 und 120.

AKTIVE BEWEGUNG

Irgendwie in Bewegung zu kommen, ist immer eine gute Idee, um Anspannungen zu lösen. Wenn das Ganze an der frischen Luft passiert, zum Beispiel beim Laufen, Radfahren oder Spazierengehen, umso besser. Bewusst ein- und ausatmen, Sauerstoff und Licht tanken, die Umgebung bewusst wahrnehmen – das schaltet den Stress ab und lenkt die Aufmerksamkeit auf andere Themen. Es ist auch egal, ob du dich lieber im Fitnesskurs auspowerst, entspannt und konzentriert Yoga machst oder frei zu deiner Lieblingsmusik tanzt – Hauptsache, du tust bewusst etwas für deinen Körper, fokussierst dich auf diesen Moment und lässt Anstrengung und Stress außen vor.

ATEMPAUSE FÜR AKUT-SITUATIONEN

Du hast jetzt gerade im Moment das Gefühl, dass du nicht mehr kannst, dass eine Stress-Welle über dir zusammenbricht? Sage innerlich laut und deutlich: »STOPP!« Dann setzt du dich aufrecht hin, atmest tief in den Bauch ein und zählst langsam bis fünf. Atme dann tief aus und zähle wieder bis fünf. Spürst du, wie du ruhiger wirst? Wiederhole die Übung gegebenenfalls noch ein- oder zweimal, bis du gefestigt wieder in die Situation einsteigen kannst.

STRESS VORBEUGEN

E s gibt verschiedene Methoden, mit denen du Stress vorbeugen kannst. Eine davon ist die sogenannte ABC-GESUND-Methode. Dabei steht jeder Buchstabe für eine bestimmte Maßnahme, die bei der Stressbewältigung eingesetzt werden kann.

A WIE ANGENEHME GEFÜHLE SAMMELN

Natürlich: Ab und zu Stress und unangenehme Gefühle zu haben, ist völlig normal und kommt in unserem Alltag immer wieder vor. Aber du musst dich nicht von ihnen runterziehen lassen, sondern kannst sie mit positiven Emotionen ausgleichen. Dafür lohnt es sich, angenehme Gefühle zu sammeln. Das gelingt mit schönen Aktivitäten, die positive Emotionen hervorrufen. Badest du gerne? Liebst du es, kreativ zu sein? Oder ist Lesen für dich ein guter Ausgleich? Im Idealfall kannst du jeden Tag etwas davon unternehmen. Auch Dinge, die nicht kurzfristig umgesetzt werden können, sind hilfreich. Setze dir hier positive Ziele, die du erreichen willst, und plane dann kleine Teilschritte auf dem Weg dorthin. Und dann heißt es: einen Schritt nach dem anderen gehen!
Deine Beziehungen zu anderen Menschen spielen ebenfalls eine große Rolle. Pflege die Beziehungen zu den Freund*innen und Familienmitgliedern, die dich inspirieren, und baue auch neue Kontakte auf. Mindestens genauso wichtig ist es, Menschen in deinem Umfeld auszusortieren, wenn du merkst, dass sie dich nur ausnutzen, dass sie dir nicht guttun oder sogar schaden. Löse dich aus toxischen Beziehungen.

B WIE BEWUSST VERANTWORTUNG ÜBER-NEHMEN

Die Aufgabe muss nicht besonders groß sein – wichtig ist, dass du sie meistern kannst. Du könntest dich zum Beispiel um eine Person kümmern, die auf Hilfe angewiesen ist, ein Haustier sitten oder ein Ehrenamt übernehmen. Trage dazu bei, die Welt zu einem besseren Ort zu machen, und es wird dir auch selbst besser gehen.

C WIE CHAOS DURCH PLANUNG VERMEIDEN

Manchmal gibt es Situationen, die dich eiskalt erwischen und mit denen du nicht gerechnet hättest. Dann gibt es aber auch Dinge in der Zukunft, bei denen du jetzt schon weißt, dass sie bei dir Stress und unangenehme Gefühle auslösen könnten. Um emotionales Chaos zu vermeiden, kannst du dir über diese Situationen heute schon Gedanken machen:

Welche Situation, die dich stresst und/oder unangenehme Gefühle auslösen würde, könnte in der nächsten Zeit auf dich zukommen?

_____

_____

Welche Gefühle könnte das in dir auslösen?

_____

_____

Wie viel Einfluss hast du auf die Situation? Welche Möglichkeiten hast du, um den Verlauf zu ändern und zu verbessern? Welche Dinge liegen nicht in deiner Hand? Beantworte dir diese Fragen auf der nächsten Seite!

Das kann ich beeinflussen:

_____

_____

Das kann ich nicht beeinflussen:

_____

_____

G WIE GYMNASTIK UND ANDERE BEWEGUNGEN

Generell gilt: Wenn du gesund bist, wirst du besser mit Schwierigkeiten und Problemen fertig, die sich dir in den Weg stellen. Dafür ist es wichtig, dass du Bewegung in deinen Alltag integrierst – schon 20 Minuten am Tag können helfen!

E WIE ESSEN UND TRINKEN

Das richtige Maß beim Essen und Trinken spielt eine große Rolle. Ernähre dich achtsam und ausgewogen, iss nicht zu viel und nicht zu wenig und über den Tag verteilt. Achte vor allem darauf, dass du immer ausreichend Flüssigkeit zu dir nimmst.

S WIE SCHLAF

Guter Schlaf ist ebenfalls essenziell fürs Wohlbefinden. Auch hier gilt: nicht zu viel, nicht zu wenig. Erwachsene brauchen durchschnittlich sieben bis acht Stunden Schlaf.

UN WIE UNTERSUCHUNGEN

Du solltest regelmäßig zu (Vorsorge-)Untersuchungen gehen.

D WIE DROGEN VERMEIDEN

Stimmungsverändernde Substanzen, also Drogen wie Alkohol, Zigaretten, Cannabis, MDMA, LSD oder Speed können deinem Körper schaden und deine Gesundheit in Gefahr bringen.

Was möchtest du in den jeweiligen Bereichen für dich umsetzen? Was ist der erste, kleinste Schritt?

Maßnahme	Das möchte ich umsetzen
Angenehme Gefühle sammeln	
Bewusst Verantwortung übernehmen	
Chaos durch Planung vermeiden	
Gymnastik und andere Bewegungen	
Essen und Trinken	
Schlafhygiene	
Untersuchungen durchführen lassen	
Drogen vermeiden	

MEIN GRÖSSTER KRITIKER BIN ICH SELBST

Als ich noch eine Teenagerin war, wollte ich immer die Beste bei allem sein, was ich gut konnte. Immer musste ich die Erste sein, Platz zwei war für mich nie gut genug – sei es beim Sport, beim Tanzen oder im Kunstunterricht. Das setzte mich so sehr unter Druck, dass ich vor Wettkämpfen schlaflose Nächte hatte und große Angst vor dem Versagen entwickelte.

Irgendwann kam auch der Zeitpunkt, an dem ich nicht immer die Beste war. Auch wenn ich stolz auf meine Leistung war, gab es andere, die besser waren als ich. Unterbewusst bezeichnete ich mich immer häufiger als Versagerin, denn keine perfekte Leistung abzuliefern, passte für mich nicht in den Erwartungsrahmen. Gerade in der Schule machte mir das zu schaffen, denn ich dachte: Ohne Abi bist du nichts wert. Lange dachte ich, das sei normal und nötig, denn es motivierte mich ja auch. Erst eine Übung in der Klinik zeigte mir dann, was wirklich dahintersteckt.

Bei der Übung ging es darum, gleichzeitig mit drei Bällen zu jonglieren. Ich dachte, das sei kein Problem für mich, und übte. Alle bekamen es nach einer Weile hin – nur ich nicht. War ich eine Versagerin? Ich war so sehr von mir selbst enttäuscht, dass ich mich in einen richtigen Wutanfall hineinsteigerte. Ich fühlte mich wie ein Loser.

Dann erkannte ich: Ich stehe mir selbst im Weg damit, immer die Beste sein zu wollen. Perfektionismus und Leistungsdruck rauben mir mehr Energie als sie mir geben. Ich musste lernen, mir einzugestehen, dass Dinge Zeit brauchen und ich nicht alles auf einmal können muss. Und dass es mich nicht zu einem weniger guten Menschen macht, wenn ich es nicht sofort schaffe oder ich es auch gar nicht kann. Mein größter Kritiker bin ich selbst.

Ich beschloss also, mein Denkmuster zu ändern, und machte mir bewusst, wo meine Stärken und Schwächen liegen. Ich beschloss, Dinge nur noch für mich zu tun und nicht für andere, und fing an, stolz auf mich zu sein. Plötzlich war ich selbst mein eigener Maßstab – ich verglich mich nicht mehr mit anderen. Eine Last fiel von mir ab und ich hatte endlich wieder Energie und Freude daran, Neues zu erschaffen und zu lernen.

GOOD THINGS

TAKE TIME.

PERFEKTIONISMUS UND LEISTUNGSDRUCK

Natürlich macht es Sinn, sich Ziele zu setzen und Aufgaben bestmöglich zu erledigen. In der Schule, bei der Ausbildung, im Studium und sogar bei Hobbys herrscht durchaus ein gewisser Leistungsdruck. Höher, schneller, weiter ... Manche perfektionistischen Menschen treiben sich auch selbst zu Höchstleistungen an, weil sie Spaß daran haben und sich verbessern wollen. Fehlschläge? Gehören dazu. Aus Fehlern lernt man mehr, als wenn alles glatt läuft. Aber es gibt auch diejenigen, für die ein Scheitern eine Katastrophe bedeutet. Ihr Selbstwertgefühl hängt davon ab, ohne Fehler zu sein. Sie wollen anderen gefallen – vielleicht, weil sie in der Kindheit gelernt haben, dass sie nur geliebt werden, wenn sie perfekt sind. Aber: Nobody is perfect! Auf Dauer schafft es niemand, immer und überall zu glänzen. Allein das Streben nach Selbstoptimierung und nach Vollkommenheit kann Stress und Leidensdruck erzeugen! Es fördert im Extremfall die Entstehung psychischer Erkrankungen.

Wie geht man mit Leistungsdruck am besten um? Wie lernt man, keine überzogenen Ansprüche an sich selbst zu stellen? Schritte dahin können folgende sein:

∵∿ Vergleiche dich nicht ständig mit anderen.

∵∿ Mache dir deine Stärken bewusst, statt deine Schwächen kompensieren zu wollen.

∵∿ Verzeihe dir selbst und sei gut zu dir.

∵∿ Habe keine Angst, Fehler zu machen oder kritisiert zu werden. Die Welt geht nicht unter, wenn du mal ins Klo greifst.

ROUTINEN – DAS RICHTIGE GLEICHGEWICHT FINDEN

Als Person mit Borderline-Persönlichkeitsstörung muss ich meine täglichen To-dos erledigen, damit es mir langfristig gut geht. So kann ich verhindern, dass plötzlich Chaos und Panik entstehen. Deshalb schreibe ich mir täglich eine To-do-Liste, damit ich nichts vergesse. Das gibt mir Sicherheit und beim Abhaken ein kleines Glücksgefühl, wenn ich sehe, was ich alles geschafft habe.

Routinen helfen dir, dein Gleichgewicht zu finden. Deine mentale Gesundheit wird es dir danken, wenn du so entspannter durch den Alltag gehst. Denn mal ehrlich: Wir alle schieben gern etwas auf, lassen Dinge auch liegen. Und plötzlich haben wir so viel zu tun, dass wir gar nicht mehr hinterherkommen.

Mit Routinen sparst du Zeit, hast eine Struktur und arbeitest viel effizienter an Aufgaben. So kommst du deinen Zielen jeden Tag näher und kannst sie einfacher erreichen. Und du gehst achtsamer mit deiner Zeit um – zum Beispiel, indem du sie nicht mehr am Handy verschwendest. So gewinnst du mehr Zeit für die wichtigen Dinge im Leben und bist weniger Stress ausgesetzt.

Dafür solltest du lernen, welche Routinen für dich am besten funktionieren. Überlege dir, aus welchen Bausteinen dein Tag besteht, wann du am besten arbeiten kannst und welche Ziele du hast, denn nur so bleibst du motiviert.

DIE MACHT VON ROUTINEN

Anziehen, Zähneputzen oder der morgendliche Weg zur Schule oder zum Job – fast die Hälfte unserer Handlungen haben wir als Routinen in unseren Alltag integriert. Weil wir diese Aktivitäten über einen längeren Zeitraum hinweg wiederholt haben, erledigen wir sie wie auf Autopilot – ohne groß darüber nachdenken zu müssen. Und das erleichtert unser Leben. Was wir als gewohnheitsmäßige Handlung in unseren Alltag eingefügt haben, können wir schnell und effizient ausführen, weil wir genau wissen, was wir wann wie zu erledigen haben. Routinen sind wichtig, damit wir alles schaffen, was wir uns vorgenommen haben.

Zahlreiche Vorteile sprechen für Routinen: Sie geben dir Struktur und damit Sicherheit. Sie garantieren eine hohe Qualität. Sie sind außerdem hilfreich, um in stressigen Situationen einen klaren Kopf zu behalten, damit du dich auf das Wesentliche konzentrieren kannst. Du wirst organisierter und sparst Zeit und Energie, da du nicht immer wieder aufs Neue Entscheidungen treffen musst. Natürlich gibt es auch Routinen, die wir uns gar nicht erst angewöhnen oder schleunigst wieder abgewöhnen sollten: zum Beispiel zu viele Energydrinks zu trinken oder 24/7 auf Social Media zu sein. Du möchtest dir eine gesunde Einschlafroutine angewöhnen? Wie wäre es damit, einen warmen Tee zu genießen und ein Kapitel in einem Buch zu lesen?

STRUKTURIERTER
TAGESABLAUF

Genau wie Routinen gibt auch ein geregelter Tagesablauf Sicherheit und dient als Gerüst, an dem wir uns entlanghangeln können. Eine feste Struktur im Alltag bedeutet vor allem für psychisch kranke Menschen Halt und Stabilisierung. Immer wiederkehrende Abläufe helfen Betroffenen, ihre mentale Erkrankung besser zu handhaben, und können zu ihrer Genesung beitragen. Andererseits wirkt eine Depression lähmend, sodass ihnen – so wichtig dies für die Patient*innen wäre – der Antrieb fehlt, den Tag zu strukturieren. Wenn wir uns sehr gestresst fühlen, unterstützt uns ein festgelegter »Stundenplan« dabei, gut durch den Tag zu kommen. Ritualisierte Handlungen vermindern Angst und Stress, das Gehirn kann zur Ruhe kommen. Der Hirnforscher Gerald Hüther rät generell dazu, dass wir unsere persönlichen Rituale – Dinge, die wir liebend gerne tun – ganz bewusst in unseren Tag einbinden. Er ist von ihrer großen Wirkung bei der Bewältigung von Stress überzeugt.

WIE ERARBEITET MAN SICH EINEN FESTEN TAGESABLAUF?

Fragen wie diese helfen dabei:

·:∿ Was will ich bis Ende der Woche erreichen, was bis zum nächsten Tag? Was ist am wichtigsten? Was ist am zweitwichtigsten?

·:∿ Höchste Priorität haben die Aufgaben, die nicht nur wichtig, sondern auch eilig sind.

Funfact: Hochproduktive Menschen planen ihren Tag im Stunden- und manche sogar im Minutentakt durch!

DEIN TAGESABLAUF

Wie sieht dein **aktueller** Tagesablauf aus? Sei ehrlich zu dir, es gibt keine falschen Angaben.

Morgens

Mittags

Abends

Welche Routinen möchtest du dir angewöhnen und wie würde dein perfekter Tagesablauf **zukünftig** aussehen?

Morgens

Mittags

Abends

MEINE ANGST UND ICH

Niemand ist frei von Ängsten – ganz besonders ich nicht. Jeden Tag sehen wir schreckliche Nachrichten im Fernsehen: Schon wieder ein Terroranschlag, der Klimawandel holt uns ein, ein Flugzeug ist heute abgestürzt. Gerade Flugzeugabstürze und Terrorismus faszinierten mich, ich musste mich immerzu dazu informieren. Daraus entstand Angst: Schon beim Einsteigen in ein Flugzeug bekam ich Panik.

Zum Verhängnis wurde mir das zu dem Zeitpunkt, als Social Media mein Beruf wurde. Plötzlich war die ganze Welt mein Arbeitsort und ich wurde sozusagen direkt ins kalte Wasser geworfen. Für mich war klar: Ich muss meine Angst in den Griff bekommen, um meine Ziele zu erreichen. Also begann ich, meine Gedanken umzuformen. Es war nicht mehr »Wir werden alle sterben!«, sondern »Ich bin in absoluter Sicherheit«. Und das stimmt ja auch: Statistisch gesehen ist das Flugzeug das sicherste Verkehrsmittel. Ich verließ also meine Komfortzone und heute, einige Flüge später, kann ich ganz angstfrei in einen Flieger einsteigen.

In der Psychiatrie hieß es immer: Unwissende Menschen sind glücklicher und haben weniger Angst. Klar, wer keine schrecklichen Nachrichten sieht, macht sich weniger Sorgen. Wir kennen das aus der Kindheit: Als Kinder trauen wir uns viel mehr zu, erst mit dem Erwachsenwerden kommen Vorsicht und Ängste. Wichtig ist nur, dass wir uns von Ängsten nicht fesseln lassen. Denn wenn wir nur in unserer Komfortzone bleiben, stockt unsere Lebensreise und wir können uns nicht weiterentwickeln.

Oft machen wir uns Sorgen über Dinge, die total unnötig sind. Ich schaue mir heute keine Videos mehr an, die bewusst Ängste auslösen. Stattdessen beschäftige ich mich mit Dingen, die mir Ängste nehmen und Sicherheit geben. Meine Ängste bewusst zu besiegen, lässt mich wachsen, macht mich mutiger und selbstbewusster.

Klar sollte man sich auch damit beschäftigen, was schieflaufen könnte. Trotzdem sollte der Fokus auf dem Positiven und auf einem lösungsorientierten Handeln liegen. Es ist wichtig, nicht aufzugeben. Scheitern ist völlig okay und oft wirst du es erst beim zweiten oder dritten Mal schaffen, deine Angst zu überwinden.

TRUST THE PROCESS.

WIE ÄNGSTE
UNS FESSELN

A ngst schützt uns. Denn sie schlägt Alarm, wenn wir in Gefahr sind, und löst den Fight-or-Flight-Modus aus: kämpfen oder flüchten! Das ist sinnvoll, wenn wir wirklich in Not sind. Manchmal nimmt die Angst jedoch störende Formen an. Bei Angststörungen fürchten wir uns auch in Situationen, in denen für uns keine Gefahr besteht. Sie gehören zu den häufigsten psychischen Störungen in Deutschland, sind aber gut behandelbar. Symptome können sein: Zittern, Herzrasen, Schwitzen, Frieren, Stechen oder Hämmern in der Brust, wackelige Knie, ein Kloß im Hals, Schwindel, Übelkeit, Magenprobleme, Durchfall. Die Gedanken kreisen nur um das, was wir als bedrohlich wahrnehmen; wir können uns auf nichts anderes mehr konzentrieren. Die angstauslösenden Situationen oder alles, was damit zusammenhängt, vermeiden wir nach Möglichkeit komplett. Im schlimmsten Fall kann sich eine Angststörung in Panikattacken und Depressionen äußern (siehe Seite 113). Die Fesseln der Angst lassen sich jedoch nur abstreifen, wenn wir uns ihr stellen – wenn nötig mit professioneller Hilfe. Was auf jeden Fall hilfreich sein kann: eine Entspannungstechnik wie progressive Muskelentspannung zu praktizieren (siehe Seite 124). Denn es ist unmöglich, Angst und Entspannung gleichzeitig zu empfinden.

LERNE DEINE ÄNGSTE KENNEN!

Davor hast du Angst:	Deine Angst ist ...
	Klein Sehr groß

RAUS AUS DER
KOMFORTZONE

Die Komfortzone ist das Umfeld, in dem du dich wohlfühlst. Hier bist du sicher, hier weißt du, wie alles funktioniert. Unser Gehirn liebt Sicherheit und Routinen, weil das weniger anstrengend ist als Ungewohntes. Etwas Neues zu beginnen, fällt uns oft schwer, weil wir Angst vor dem Scheitern haben – und Angst lähmt. Trotzdem: Diesen Punkt musst du überwinden, um weiterzukommen – sei es im Job oder privat. Wenn immer alles so bleibt, wie es ist, wäre es ja auch langweilig. Bleibe positiv: Es könnte ja klappen mit dem neuen Job, mit einer Typveränderung, mit dem neuen Herzensmenschen. Und selbst wenn etwas schiefläuft: Hauptsache, du hast es probiert! Du kannst sicher sein: Es gibt immer auch eine zweite Chance, etwas anderes, was sich ergibt und dich weiterbringt.

Da unser Gehirn neben Sicherheit und Routinen aber auch Herausforderungen liebt, kannst du jeden Tag etwas dafür tun, deine Komfortzone zu verlassen. Ein Training also für die wirklich großen Veränderungen, die hin und wieder anstehen und dir dann hoffentlich nicht ganz so schwerfallen. Einfach mal machen – könnte ja gut werden!

Ideen für Dinge, mit denen du aus deiner Komfortzone kommen kannst:

⋅:∿ Gehe alleine einkaufen oder besuche alleine ein Café.

⋅:∿ Melde dich zu einem Tanzkurs an.

⋅:∿ Frage jemanden nach einem Date.

⋅:∿ Sprich oder schreibe mit Menschen, die eine andere Sprache als deine Muttersprache sprechen.

⋅:∿ Probiere Restaurants mit Speisen und Küchen aus, die du vorher noch nie gegessen hast, z. B. Sushi oder Indisch.

Was wirst du tun, um aus deiner Komfortzone zu kommen?

_____

_____

_____

_____

_____

_____

_____

_____

_____

_____

✦

GREAT THINGS NEVER CAME
FROM COMFORT ZONES.

KAPITEL 6

DU VERDIENST GLÜCK UND ZUFRIEDENHEIT

ÜBER GLÜCK UND
DANKBARKEIT

DIE BESTEN
DINGE IM LEBEN
SIND NICHT DIE,
DIE MAN FÜR
GELD BEKOMMT.

GLÜCKSBOOSTER

G lück definiert jede*r für sich anders. Das kann die Ruhe alleine oder das Zusammensein mit Freund*innen sein, ein sonniger Tag am Meer oder ein Spaziergang im Regen. Alle von uns haben individuelle Momente, in denen wir uns glücklich fühlen. Tatsächlich kann man dieses Glück auch wissenschaftlich messen! Unser Körper schüttet nämlich in solchen Situationen Hormone aus, die zum Beispiel ein wohliges, entspanntes Gefühl erzeugen. Umgangssprachlich werden diese Botenstoffe, die bestimmte Bereiche unseres Gehirns ansprechen, deshalb auch »Glückshormone« genannt. Das Gute: Du kannst diese Hormone ein bisschen beeinflussen und dir jeden Tag selbst ganz bewusst kleine Glücksmomente schaffen.

BLUMEN

Schenke dir selbst einen bunten Strauß in deinen Lieblingsfarben. Farbe und Duft bringen Frische in deine Wohnung und in deinen Kopf.

POSITIVE ERLEBNISSE

Schaffe dir bewusst Freiraum für Erlebnisse oder Handlungen, die du als positiv empfindest: ein Treffen mit Freund*innen, ein Ausflug, der Kontakt zu Natur oder Tieren, gemütlich zusammen kochen, aber auch vielleicht Engagement für andere.

ESSEN

Ein bekanntes Glückshormon ist Serotonin, das nachgewiesen eine gewisse Gelassenheit und innere Ruhe erzeugen kann und stimmungsaufhellend wirkt. Es ist zum Beispiel in Bananen, Kakao und somit auch in Schokolade vorhanden. Da reicht schon ein Stück – lasse es ganz langsam im Mund zergehen und genieße den Augenblick.

TIERE STREICHELN

Wissenschaftler*innen haben herausgefunden, dass beim Kuscheln mit Hund, Katze oder Kaninchen vermehrt das Hormon Oxytocin ausgeschüttet wird, das ein Gefühl von Geborgenheit und Zufriedenheit erzeugt.

PFLEGE

Der Duft deines Lieblingsparfums, ein neues Duschgel oder eine verwöhnende Körperlotion können das Belohnungszentrum in deinem Gehirn stimulieren und eine positive Stimmung erzeugen.

Male das Mandala in den Farben aus, die für dich für Liebe und Harmonie stehen!

DANKBARKEIT

Eine von Herzen empfundene Dankbarkeit ist ein wichtiger Schlüssel zum Glück. Wenn du ein wenig darüber nachdenkst, fallen dir sicher viele Dinge ein, für die du in deinem Leben dankbar sein kannst: deine Gesundheit, die Liebsten um dich herum, ein schönes Zuhause, eine friedliche Umgebung, ein besonders schönes Erlebnis …

Achtsam zu sein und »Danke« zu sagen für das, was gerade in diesem Moment gut ist, regt auch dein Gehirn zu neuen Denkmustern an. Du erkennst schneller das Positive, das um dich herum passiert, und kannst gelassener bleiben als jemand, der wegen Kleinigkeiten, die gerade schieflaufen, in Stress gerät. Dankbarkeit trainiert dich also darin, positiver zu denken und zu fühlen!

Eine gute Dankbarkeitsübung ist es, jeden Abend vor dem Schlafengehen den Tag noch einmal durchzugehen: Wofür kannst du heute dankbar sein? Was ist gut gelaufen? Das rückt die Perspektive auf andere Dinge zurecht und Probleme, die erst riesig schienen, wirken auf einmal deutlich kleiner.

Dankbarkeit hat auch immer etwas mit Wertschätzung zu tun – für dich selbst und andere. Wer genauer hinschaut, auch für kleine Dinge Dankbarkeit empfindet und den Moment genießen kann, sieht die Welt mit anderen Augen. Du bist mehr bei dir selbst und strahlst diese innere Ruhe auch aus. Das wiederum wirkt auf andere anziehend und bringt dir entsprechend positive Energie zurück.

Ich bin dankbar für …

_____

_____

_____

_____

_____

_____

_____

_____

_____

_____

TIPP: Du kannst dir
auch ein kleines Tagebuch
ans Bett legen und dort
jeden Abend aufschreiben,
wofür du dankbar bist!

DEINE GLÜCKSBOX

Jede*r von uns kennt diese Tage oder Momente, in denen es uns einfach nicht gut geht. Deine persönliche Glücksbox kann dir dabei helfen, dich etwas besser zu fühlen!

Schnappe dir eine kleine Box mit Deckel, in der du immer wieder neue Glücksmomente sammelst. Wie oft vergessen wir positive Dinge in unserem Leben? Ein Blick in deine Glücksbox wird dich wieder daran erinnern!

DAS KÖNNTE IN DEINER GLÜCKSBOX LANDEN:

∵∽ Gegenstände, die dich an ein Event voller Freude erinnern, z. B. Eintrittskarten, Tickets oder Flyer

∵∽ Fotos von deinen Liebsten, von wunderschönen Momenten und von Orten, die dich glücklich machen, z. B. von einem Wald, Strand oder Bauernhof

∵∽ Ein Zettel mit aufgeschriebenen Songs, die dein Herz erwärmen oder gute Laune machen

∵∽ Reisemitbringsel, z. B. Souvenirs oder Postkarten

∵∽ Bunte Zettel, auf denen Dinge stehen, für die du im Leben dankbar bist (siehe Seite 149)

∵∽ Ein ausgefülltes Freund*innenbuch oder Poesiealbum, in dem all deine Liebsten sich verewigt haben

∵∽ Erinnerungsstücke, die dir deine Erfolge im Leben klar machen, z. B. Kopien von Zeugnissen oder Urkunden

Was darf noch in deine Glücksbox hinein?

_____

_____

ERINNERE DICH!

Oft vergessen wir in unserem schnellen Alltag die Momente, in denen es
uns richtig gut ging. Oder verlieren aus den Augen, was uns richtig guttut.
Die folgenden Fragen helfen dir dabei, dich wieder zu erinnern.

Was ist deine schönste Kindheitserinnerung?

_____

An welchem Ort fühlst du dich ruhig, entspannt und geborgen?

_____

Bei welchem Menschen kannst du ganz du selbst sein?

_____

Erinnere dich an deinen letzten Lachanfall zurück. Was hat dich so zum
Lachen gebracht?

_____

An welche Reise erinnerst du dich am liebsten zurück und warum?

_____

BEWEGUNG
MACHT HAPPY

T anzen, Laufen, Schwimmen, Radfahren … Körperliche Aktivität regt nicht nur die Durchblutung und den Sauerstofftransport im Körper an, sondern auch die Ausschüttung der Glückshormone. Sie machen dich zum einen bei intensiver Bewegung wacher und fokussierter, zum anderen sorgen sie danach für ein Gefühl der Zufriedenheit – du hast etwas geschafft! Dieser Stolz über das Erreichte wiederum verdrängt Anspannung und Stress, du bist abgelenkt vom Alltag und entspannter. Dabei ist es auch egal, ob du etwas eher langsam oder schnell machst. Nur ein bisschen durchhalten solltest du: Beim Laufen zum Beispiel kommen erst nach etwa 20 Minuten die wichtigen Vorgänge in deinem Körper in Gang.

Es gibt aber auch kleine Übungen, die du immer mal wieder im Alltag machen kannst – als kleine Glücksbooster für den Augenblick:

·:∽ Tanze zu deinem Lieblingslied (intensives Aufräumen zur Lieblingsplaylist zählt übrigens auch als Bewegung)!

·:∽ Schlage ganz leicht mit deinen Händen abwechselnd für ein paar Minuten einen Rhythmus auf deinen Oberschenkeln – das beruhigt deine Nerven.

·:∽ Gehe regelmäßig spazieren oder fahre Strecken mit dem Fahrrad, die du normalerweise mit öffentlichen Verkehrsmitteln oder dem Auto zurücklegen würdest.

•:~ Der Klassiker: Nimm öfter die Treppe statt des Aufzugs oder der Rolltreppe. Das fördert die Koordination und bringt den Kreislauf in Schwung.

UM DEN EINSTIEG IN REGELMÄSSIGE BEWEGUNG ZU SCHAFFEN:

Schreibe dir auf, welche Strecken du ab sofort (oder ab und zu) mit dem Fahrrad oder Inlineskates zurücklegen kannst. Suche dir eine Bewegung, die dir viel Spaß macht. Ist es Tanzen, Federball- oder Tischtennisspielen oder Hula-Hoop? Setze dir einen festen Termin in der Woche, an dem du diese Bewegungen ausüben möchtest.

•:~ Super ist, wenn ein*e Freund*in mitmacht – so motiviert ihr euch gegenseitig.

•:~ Übernimm dich nicht! Starte langsam und steigere dich nach und nach, genieße die Erfolge und verhindere damit zusätzliche Frust-Momente.

•:~ Vielleicht findest du auch einen Verein oder eine Gruppe in der Nähe, wo du deine liebste Bewegung mit anderen zusammen ausüben kannst.

UNTERSTÜTZE
DEINE LIEBSTEN!

Wann hast du das letzte Mal jemandem eine Freude gemacht – einfach, weil du es konntest? Ich glaube an Karma, also daran, dass alles, was ich gebe, in irgendeiner Art und Weise wieder zu mir zurückkommt. Sei es, wenn ich jemandem eine Freude mache, meine Wertschätzung ausdrücke oder einfach nur für Familie oder Freund*innen da bin. Das sind die Dinge, die uns Menschen alle glücklich machen. Was du gibst, kommt irgendwann wieder zu dir zurück. Wenn wir uns gegenseitig unterstützen und uns zuhören, wachsen wir gemeinsam. So können wir alle ein schönes Leben führen.

Hier habe ich ein paar Ideen, wie du anderen Menschen eine Freude machen kannst:

- Schmeiße eine Überraschungsparty.
- Gib eine Runde Eis aus.
- Nimm jemandem eine Aufgabe oder Arbeit ab.
- Besuche deine Freund*innen.
- Schreibe jemandem eine Postkarte.
- Mache Freund*innen und Familie kleine, unerwartete Geschenke.
- Pflücke jemandem einen Blumenstrauß.
- Verbringe einfach Zeit mit Freund*innen, besonders dann, wenn es ihnen nicht gut geht.
- Mache deinen Liebsten ein Kompliment.

DEIN SUPPORT

Schreibe hier auf, welcher Person du **in der letzten Zeit** geholfen hast.
Was war es und was hat es dir und der anderen Person gegeben?

Name: | **Dein Support:**

_____ | _____

_____ | _____

_____ | _____

_____ | _____

_____ | _____

Welchen Menschen in deinem Familien-, Freund*innen- oder
Bekanntenkreis möchtest du **in nächster Zeit** unterstützen und wobei?

Name: | **Dein Support:**

_____ | _____

_____ | _____

_____ | _____

_____ | _____

AUFEINANDER ACHTEN

Nicht alle Menschen können offen über ihre Probleme sprechen, aber du kannst mit etwas Aufmerksamkeit trotzdem erkennen, wenn es deinen Liebsten schlecht geht. Vielleicht kannst du dann deine Hilfe anbieten. Hier sind einige typische Anzeichen:

Fehlender Kontakt: Meldet sich ein*e Freund*in plötzlich nicht mehr von sich aus, dann könnte das ein Anzeichen dafür sein, dass es der Person nicht gut geht. Mache den ersten Schritt und frage nach, ob alles okay ist. Gib dieser Person aber ausreichend Raum und auch Zeit. Es ist auch in Ordnung, wenn der Mensch nicht kommunizieren möchte.

Ungepflegtes Erscheinungsbild: Gerade Menschen, die an Depressionen leiden, finden manchmal keine Kraft mehr, um aufzustehen und sich um ihr Äußeres zu kümmern. Mir ging es in meiner depressiven Phase auch so.

Unordentliches Zimmer: In unseren Zimmern und Wohnungen spiegelt sich oft unser innerer Zustand wider. Sieht es plötzlich unaufgeräumt und chaotisch aus, kann das ein Anzeichen für Überforderung sein.

Verminderte oder gesteigerte Nahrungsaufnahme: Menschen, denen es schlecht geht, verlieren oft den Appetit oder neigen dazu, mehr zu essen, als sie es normalerweise tun würden.

Andere Mimik und Körperhaltung: Unsere Körpersprache zeigt, wie wir uns fühlen. Zeigt dein Gegenüber eine deutlich veränderte Körpersprache, geht es dieser Person vielleicht nicht gut. Frage dann gerne nach, ob alles okay ist.

Drogenkonsum/Alkohol: Übertriebener Konsum von Alkohol oder Drogen ist auch eine Art von Selbstverletzung (siehe Seite 102).

Häufig krank: Gerade Stress schlägt auf das Immunsystem. Wir sind dann z. B. anfälliger für Krankheiten oder schlafen schlecht.

Wenn es dir schlecht geht, dann rede offen darüber. Biete auch anderen Menschen deine Unterstützung an, wenn du merkst, dass es ihnen nicht gut geht. Passt aufeinander auf!

BEHANDLE SICH SELBST WIE DEN LIEBSTEN MENSCHEN

Wenn du merkst, dass es deinen besten Freund*innen schlecht geht, würdest du nicht alles dafür tun, damit sie sich schnell besser fühlen? Tust du das Gleiche auch für dich? Dieses Denkmuster kannst du nämlich genauso auf dich selbst anwenden. Selbstfürsorge ist ein wichtiger Baustein für deine psychische Gesundheit. Denn du bist der Mensch, der dein ganzes Leben lang an deiner Seite sein wird. Deshalb solltest du auf dich aufpassen, dir bewusst Auszeiten nehmen und dich ganz dir selbst widmen. Hier einige Ideen:

Selfcare-Ideen
·:∿ Gehe in die Natur! Zum Beispiel könntest du eine Runde spazieren gehen, dich auf eine Wiese setzen oder in einem See schwimmen.
·:∿ Koche dein Lieblingsessen.

·:∿ Gönne dir eine kleine Süßigkeit.

·:∿ Wenn es dir Freude bereitet, genieße einen richtig guten Beauty-Tag mit Maske und Maniküre.

·:∿ Räume dein Zimmer oder deine Wohnung auf.

·:∿ Lies dein Lieblingsbuch noch einmal, höre Musik oder schaue einen spannenden Film.

·:∿ Wenn du es dir leisten kannst, verreise doch spontan – du musst gar nicht weit wegfahren.

·:∿ Am wichtigsten: Leg dein Handy weg!

·:∿ Bereite dir einen Obstteller zu und genieße ihn.

DEIN PERFEKTES WOCHENENDE!

Was würdest du mit einem freien Wochenende ohne Einschränkungen und Termine tun, um es dir mal richtig gut gehen zu lassen? Um wie viel Uhr stehst du auf, was und wo isst du, wer ist in deiner Nähe, was würdest du unternehmen? Erholung, Action, Abenteuer oder Kreativität – lasse deinen Wünschen freien Lauf!

	Samstag	Sonntag
Morgens		
Mittags		
Abends		

KAPITEL 7

DU VERDIENST ES, GUT BEHANDELT ZU WERDEN

ÜBER BEZIEHUNGEN, LOSLASSEN UND DAS SETZEN VON GRENZEN

NICHT ALLES,
WAS DU
VERLIERST,
IST EIN VERLUST.

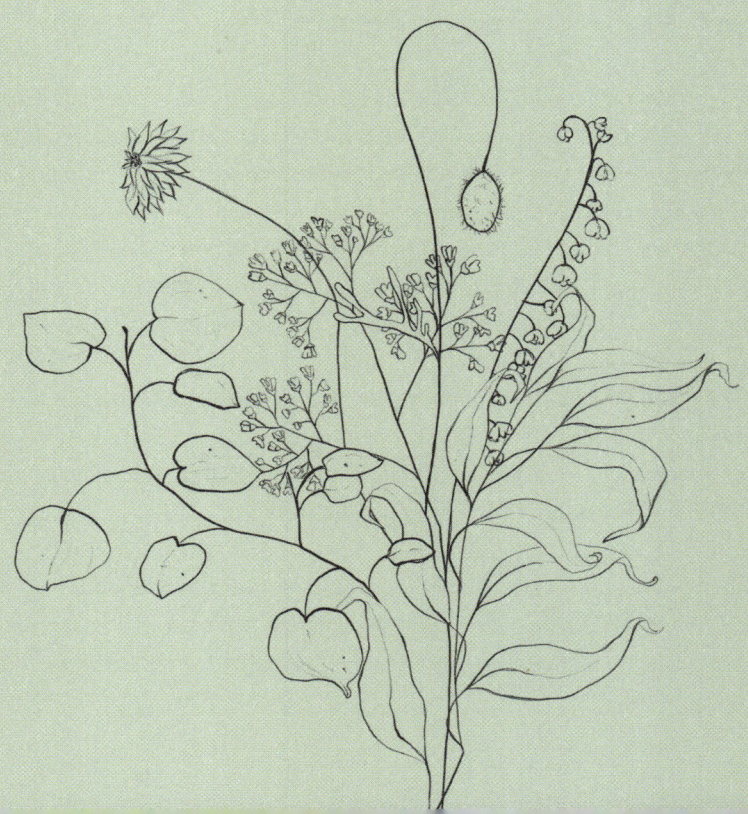

TOXISCHE BEZIEHUNGEN

Menschen können eine große Bereicherung für dein Leben sein, dich aber auch emotional zerstören. Deshalb solltest du gut auf dich aufpassen und darauf, dich nicht in anderen Menschen zu verlieren. Wichtig ist, dass du immer an erster Stelle in deinem eigenen Leben stehst.

Auch mich hat eine toxische Beziehung beinahe zerstört. Fast fünf Jahre meines Lebens habe ich an meinen Ex-Freund verschwendet. Am Ende der Beziehung hatte ich keine Freund*innen mehr, war mehrfach von ihm betrogen und hintergangen worden. Dabei gab es viele Warnzeichen: Ich durfte nicht mehr anziehen, was ich wollte, durfte nicht mehr die Musik hören, die ich cool fand. Bald verbot er mir, mich mit meinen Freund*innen zu treffen, und schlug mich, wenn ich mich seiner Meinung nach falsch verhalten hatte.

Über die Jahre manipulierte er mich so sehr, dass ich wirklich dachte, ich sei nichts wert und könne nichts. Alles, was ich besaß, war in seinen Augen – und irgendwann auch in meinen – nicht gut genug und hässlich. Dann endlich fand ich doch noch die Kraft, mich von ihm zu befreien.

Toxische Beziehungen gibt es übrigens auch in der Familie oder unter Freund*innen. Wenn du merkst, dass dir ein Mensch nicht guttut, dann solltest du dich von ihm trennen, auch wenn es im ersten Moment sehr wehtut.

Glaub mir, nach einer Weile wirst du merken, dass du viel zu gewinnen hast. Lerne loslassen, nur so wirst du irgendwann die richtigen Personen für dich finden. Alles, was du gibst, sollte in irgendeiner Form wieder zurückkommen.

Eine gesunde Beziehung lässt dich wachsen und schränkt dich nicht ein. Nimm dir die Freiräume (und gewähre sie auch!), die du brauchst, und erfülle dir deine Wünsche. Es mag kitschig klingen, aber dein*e Partner*in sollte immer für dich da sein: in guten wie in schlechten Zeiten.

ANZEICHEN FÜR EINE TOXISCHE BEZIEHUNG

∙:∼ Dein*e Partner*in nimmt deine Gefühle nicht ernst bzw. keine Rücksicht darauf.

∙:∼ Du hast das Gefühl, dass du bei deinem/deiner Partner*in nicht du selbst sein kannst.

∙:∼ Du fühlst dich bei deinem/deiner Partner*in nicht sicher und geborgen.

∙:∼ Dein*e Partner*in versucht dich zu manipulieren oder emotional zu erpressen.

∙:∼ Dein*e Partner*in setzt dich unter Druck.

∙:∼ Dein*e Partner*in verbietet dir Dinge.

∙:∼ Dein*e Partner*in unterstützt deine Träume & Ziele nicht.

∙:∼ Dein*e Partner*in kann keine Kompromisse eingehen.

∙:∼ Dein*e Partner*in versucht dich zu verändern.

WENN MENSCHEN DICH VERLASSEN

Menschen kommen und gehen – ob beste Freund*innen oder Partner*innen. Viele Menschen begleiten uns nur für einen bestimmten Abschnitt unseres Lebens und verschwinden dann wieder aus den unterschiedlichsten Gründen. Ich habe angefangen, Menschen als Kapitel zu sehen und meine Lehre daraus zu ziehen.

Entscheidet sich eine Person aktiv dafür, dich aus ihrem Leben zu entfernen, dann kann das sehr schmerzhaft sein. Wichtig ist, dass du diese Erfahrung und deine Gefühle zulässt und die Entscheidung respektierst. Wir sollten Menschen, die uns nicht in ihrem Leben haben wollen, nicht hinterherlaufen. Loslassen ist hier das Stichwort. Halte also nicht an etwas fest, das nicht mehr existiert.

Loslassen kann schwer sein, deshalb solltest du dir etwas Gutes tun. Verbringe diese neue Zeit mit dir selbst und mache dir klar, dass du trotzdem gut so bist, wie du bist – auch wenn dich Menschen verlassen. Und irgendwann kommt dann wieder jemand, der dich so sieht, wie du es verdient hast. Gib anderen, neuen Menschen die Chance, dich kennenzulernen, und versuche nicht, in ihnen die verlorene Person oder Beziehung wiederzufinden.

WARUM LOSLASSEN WICHTIG IST

An vielen Dingen halten wir nur aus Gewohnheit fest – und das sind nicht nur materielle Sachen. Auch Regeln oder Glaubenssätze aus vergangenen Zeiten gehören dazu. Es ist bequem, das zu tun, was man schon lange kennt. Das blockiert allerdings auch den Platz für Neues, von dem wir noch gar nicht wissen, wie toll es sich auf unser Leben auswirken könnte. Was uns gestern noch geholfen hat, kann heute ein Hindernis sein.

Von Zeit zu Zeit solltest du daher Gedanken darüber zulassen, was du in deinem Leben wirklich noch brauchst und was nicht. Und wieder: Das bezieht sich nicht nur auf Materielles, sondern auch auf Menschen, Gedanken und Gefühle. Krampfhaft an etwas festzuhalten, frisst Energie, sorgt für schlechte Stimmung und im schlimmsten Fall auch für körperliche Beschwerden. Loslassen befreit und eröffnet neue Sichtweisen und Möglichkeiten. Du kannst zum Beispiel nicht ändern, wenn manche Menschen dich nicht mögen, auch wenn du das noch so gerne hättest. Lasse sie los, mache dich frei von dem Gedanken, jemandem gefallen zu wollen, um gemocht zu werden: Es gibt mit Sicherheit Menschen, die sehr gerne mit dir Zeit verbringen. Ein negativer Glaubenssatz, der immer wieder vorkommt, ist auch »Das kann ich nicht!«. Den verinnerlichen viele so sehr, dass sie bestimmte Dinge auch nie wieder versuchen. Lasse solche Gedanken mit der Liebe zu dir selbst los, bleibe offen für das Leben und neue Herausforderungen und verbiege dich nicht für andere.

Mehr zu den Themen Selbstliebe, Selbstbewusstsein und Glaubenssätze findest du im Kapitel 2.

FREUNDSCHAFTEN
FINDEN

Neben der Familie sind Freund*innen oft die wichtigsten Menschen in unserem Leben. Sie ticken wie wir, haben die gleichen Interessen, sagen uns aber auch mal offen die Meinung, wenn es nötig ist – ohne dass die Freundschaft gleich daran zerbricht. Solche ehrlichen Menschen zu finden, die wirklich Interesse an dir als Person haben, ist aber nicht ganz so einfach. Ein guter Anfang kann sein, dir erst einmal klarzumachen, wofür du stehst: Was sind deine Werte, deine Interessen, deine Vorlieben (mehr dazu in Kapitel 1)? Was sind für dich absolute No-Gos? Und dann hilft nur, offen auf Menschen zuzugehen.
Gemeinsame Interessen = Gesprächsstoff = besser kennenlernen und neue Bekanntschaften vertiefen.

∵∿ Du hast einen Lieblingssport oder eine liebste Bewegungsart, vielleicht sogar eine Aktivität, die man mit mehreren Menschen gleichzeitig ausüben kann? Suche Gleichgesinnte in deiner Nähe, mit denen du deine Leidenschaft teilen kannst!

∵∿ Du hast ein Hobby, das dich begeistert? Schaue zum Beispiel in den sozialen Netzwerken nach Gruppen, denen du beitreten kannst – virtuell oder ganz real in deiner Nähe. So könnt ihr euch austauschen und ins Gespräch kommen.

∵∿ Du engagierst dich gerne für andere, zum Beispiel beim Tierschutz oder in der Jugendarbeit? Vielleicht gibt es in deiner Nähe Organisationen, denen du Unterstützung anbieten kannst und über die du neue Leute kennenlernst. Jede neue Begegnung ist zunächst mal aufregend. Aber sei dir bewusst, dass du den »neuen« Menschen noch nicht richtig kennst. Spüre in dich rein: Läuft alles rund oder hast du doch an der einen oder anderen Stelle Zweifel, ob es passt? Ärgert dich etwas an Verhaltensweisen oder Äußerungen der anderen Person? Bringt die Person dir ebenfalls ehrliches Interesse entgegen oder bist du nur eine kurze Ablenkung?

MEINE LIEBSTEN

Welche Menschen hast du in dein Herz geschlossen?
Warum und wofür schätzt du sie?

Name	Das verbindet uns

MOBBING

Mobbing ist kein Spaß – es kann Menschen zerstören. Meine eigene Erfahrung damit begann 2014, als ich mit Instagram anfing. Damals postete ich noch tumblr-Fotos und erlebte einen ziemlichen Hype. Viele Seiten reposteten meine Inhalte und ich bekam so eine große Reichweite. Meine Mitschüler*innen feierten das – alle wollten etwas von mir. Aber mit den steigenden Zahlen wurde auch die Eifersucht immer größer. Meine Mitschüler*innen schossen bald heimlich Fotos von mir, veröffentlichten meine privaten Daten und gründeten sogar WhatsApp-Gruppen, um über mich zu lästern. Einmal rief mich sogar jemand an und forderte mich dazu auf, mich umzubringen. Und auch im Internet ging das Mobbing weiter: Mehr als 50 Hate-Pages konzentrierten sich täglich nur darauf, mich zu demütigen und Lügen über mich zu verbreiten. Es vergingen kein Tag und keine Stunde, ohne dass ich beleidigt wurde. Ich bekam sogar Morddrohungen.

Irgendwann hielt ich diesen Hate nicht mehr aus und stoppte all meine Aktivitäten in Social Media. Die negativen Gedanken beherrschten mich so sehr, dass ich schon mit 16 Selbstmordgedanken entwickelte. Mein damaliger Klassenlehrer konnte irgendwann das heftige Mobbing stoppen, aber ausgegrenzt wurde ich weiterhin. Nach diesen Vorfällen war ich nicht mehr der gleiche Mensch. Ich wurde psychisch schwer krank und es dauerte sehr lange, bis ich heilen konnte. Mobbing kann Seelen zerstören und schlimme Folgen haben. Wenn du mitbekommst, dass jemand gemobbt wird oder Hate ausgesetzt ist, dann greife aktiv ein. Behandle andere so, wie du auch behandelt werden möchtest! Wenn du es alleine nicht schaffst, Mobbing zu stoppen, dann suche dir unbedingt professionelle Hilfe.

HILFE BEI MOBBING

1. Suche dir möglichst früh Hilfe und sprich unbedingt mit einem Menschen über deine Mobbingerfahrungen! Vertraue dich deinen Eltern, Freund*innen, Lehrer*innen oder anderen Herzensmenschen an. Du musst dir Mobbing nicht gefallen lassen – und dich vor allem nicht schlecht oder schuldig fühlen. Man kann gegen Hater im realen Leben und im Internet vorgehen. Anlaufstellen findest online zum Beispiel unter www.buendnis-gegen-cybermobbing.de oder www.cybermobbing-hilfe.de.

2. Schreibe dir auf, was die Person(en), die dich gemobbt haben, wann getan haben, oder mache Screenshots der Aussagen, wenn du sie online bekommen hast. Wenn du die Vorfälle dokumentierst, hast du eine gute Grundlage, um besser darüber zu sprechen und gleichzeitig Beweise in der Hand zu haben.

3. Mache dir klar, dass du nicht schuld daran bist! Die gemeinen Kommentare haben nichts mit dir, deinem Leben oder deiner Persönlichkeit zu tun. Sie sagen viel mehr etwas über die Person aus, die dich mobbt. Oft sind es Menschen, die zwar nach außen hin selbstbewusst wirken, aber innerlich total unsicher sind und das versuchen auszugleichen. Es ist natürlich einfacher, mit Witzen und dummen Bemerkungen über andere Aufmerksamkeit zu bekommen, statt sich selbst anzustrengen und etwas zu leisten. Vielleicht sind sie insgeheim auch neidisch und wären gerne so wie du, könnten das aber niemals zugeben.

4. Umgib dich mit Menschen, die dir guttun und bei denen du dich sicher und gesehen fühlst.

5. Sei stolz auf dich! Du brauchst nicht an dir zu zweifeln, denn dich gibt es nur ein einziges Mal auf der Welt und du bist gut so, wie du bist.

SEXUELLE BELÄSTIGUNG

Catcalling, eine unangenehme Berührung, ein Dickpick in deinem Posteingang: Sexuelle Belästigung scheint überall zu sein. Ich kenne kaum eine Frau, die in ihrem Leben noch nicht davon betroffen war. Auch ich kenne das. Ich wurde schon sehr früh sexuell belästigt, aber habe das zu diesem Zeitpunkt gar nicht so wahrgenommen und realisiert. Viel schlimmer noch: Ich dachte, das wäre normal, und ich wollte ja immer das Gute in den Menschen sehen.

In den Momenten, in denen mich jemand sexuell belästigt, fühle ich mich immer gelähmt. Früher habe ich mir immer vorgenommen, etwas zu sagen, aber ich konnte es nicht. Den Schock schnell zu überwinden und gekonnt zu reagieren, braucht Übung! Bereite dich auf solche Situationen also vor: Besuche Selbsthilfekurse, kenne dein Limit und vertraue nicht jedem Menschen.

Die wichtigste Regel ist aber: Schweige nicht, um Täter*innen zu schützen. Jede Art von sexueller Belästigung – egal wie harmlos sie dir vielleicht erst mal vorkommt – ist strafbar. Du kannst nichts dafür, wenn jemand dich sexuell belästigt, die Schuld liegt ausschließlich und ganz allein bei den Täter*innen.

ZWEIFEL NICHT
AN DIR SELBST,
ZWEIFEL AN DENEN,
DIE DICH AN DIR
ZWEIFELN LASSEN.

TIPPS ZUM GRENZEN-
SETZEN UND NEINSAGEN

Grenzen setzen zu können, ist superwichtig für deine emotionale Gesundheit. Wenn du zu allem und jedem Ja sagst, ohne auf deine eigenen Bedürfnisse zu achten, fühlst du dich irgendwann ausgelaugt und leer. Es macht dich unglücklich und führt im schlimmsten Fall zu Burn-out oder Depressionen.

Warum tun wir etwas, obwohl uns gar nicht danach ist, oder dulden ein Verhalten, das wir als inakzeptabel empfinden, wenn wir uns damit selbst schaden? Warum fällt es uns so schwer, klar und deutlich Nein oder Stopp zu sagen? Dahinter steckt die Angst vor Ablehnung und Zurückweisung oder davor, andere zu enttäuschen oder vor den Kopf zu stoßen. Die eigenen Bedürfnisse zu kommunizieren, zeugt von Stärke und Mut. Voraussetzung dafür ist selbstsicheres Verhalten (siehe Seite 175). Zum Glück kannst du üben, Grenzen zu ziehen – ohne ein schlechtes Gewissen zu haben.

∴∼ Tue nichts, wozu du gar nicht bereit bist oder vielleicht auch nur keine Zeit hast. Gerade Frauen wird beigebracht, die eigenen Bedürfnisse hintanzustellen und permanent für andere da zu sein, sich zu kümmern.
∴∼ Habe im Hinterkopf: Jede*r hat ganz individuelle Grenzen. Niemand kann ahnen, wo deine verlaufen – darum ist es so wichtig, dies anderen einfach zu sagen.
∴∼ Sobald du Unbehagen spürst, dich überrumpelt oder gestresst fühlst, solltest du den Mund aufmachen und der oder dem anderen mitteilen, was du willst – und was nicht.

⠆∿ Dein Ziel sollte es sein, deine eigenen Erwartungen zu erfüllen –
und nicht die Erwartungen anderer.

Gehe diese Ziele in kleinen Etappen an. Denn Abgrenzung ist ein Lernprozess, der Zeit braucht – und sie ist zugegebenermaßen nicht die einfachs-
te Übung auf dem Weg zur Selbstliebe. Was auf jeden Fall sicher ist:
Dein Umfeld wird deine Grenzen nur dann respektieren, wenn du selbst
es auch tust.

REMINDER

Es ist vollkommen okay …
… Verabredungen wieder abzusagen.
… Nein zu sagen.
… wenn jemand enttäuscht über deine Grenze ist.
… das Telefonat nicht zu führen.
… wenn du keine Umarmung möchtest.
… dir Zeit für dich ganz allein zu nehmen.
… auf gesetzte Grenzen hinzuweisen.
… dir Zeit für eine Entscheidung zu nehmen.
… deine Meinung zu ändern.
… nicht jeder und jedem zu gefallen.

GRUPPENZWANG

Wir alle haben das Bedürfnis, Teil einer Gruppe zu sein. Der Mensch ist ein Herdentier. Die Evolution hat dafür gesorgt, denn allein hätte früher niemand überlebt. Kein Wunder also, dass wir gemocht werden und »dazugehören« wollen. Unsere Freund*innen geben uns nicht nur Sicherheit, sondern stärken auch unser Selbstbewusstsein. Unsere »Besties« sind gefühlt unsere zweite Familie. In dieser Gruppe trauen wir uns oft mehr, als wir alleine wagen würden.

Das ist einerseits toll für unsere Entwicklung, birgt allerdings auch Risiken: Um nicht ausgegrenzt zu werden, beugen sich besonders Jugendliche dem Gruppenzwang – und tun oder sagen Dinge, die sie eigentlich gar nicht wollen. Weil es alle so machen. Typische Beispiele: rauchen, zu viel trinken, Drogen ausprobieren, als Mutprobe etwas mitgehen lassen. Das scheint einfacher, als sich dagegenzustemmen. Schließlich will niemand als feige beschimpft werden.

Wie kannst du deinen eigenen Weg gehen, statt mit dem Strom zu schwimmen? Indem du dir über deine Werte klar wirst und allen Mut zusammennimmst, auch mal Nein zu sagen. Klingt zwar paradox, aber du wirst schnell merken: Mitläufer, die zu allem Ja sagen, werden nicht so respektiert wie Menschen, die für ihre eigenen Überzeugungen einstehen und klare Grenzen setzen. Wenn du das Gefühl hast, dass dir deine Gruppe nicht guttut, solltest du überlegen, dich von deinen »Freund*innen« zu lösen. Echte Freund*innen sollten dich so akzeptieren, wie du bist.

SELBSTSICHERES VERHALTEN

Mit einem gesunden Selbstbewusstsein lebt es sich zweifellos ange-
nehmer. Du bist nur leider so gar nicht der Typ, der selbstsicher durchs
Leben geht? Du kannst es aber werden! Was unter Selbstsicherheit zu
verstehen ist? Der Begriff meint die Fähigkeit, im Umgang mit anderen
so zu handeln, dass deine Ansprüche und Bedürfnisse befriedigt werden.
Um dich in der Beziehung zu Partner*innen, Freund*innen, Familienmitgliedern und Mitschüler*innen selbstsicher verhalten zu können, musst
du dir zunächst deiner Gefühle und Gedanken bewusst werden. Ärgerst
du dich gerade oder freust du dich? Welches konkrete Ereignis hat diese
Gefühle ausgelöst? Was immer du empfindest: Du hast jedes Recht
dazu!

Wenn du dir selbst über deine Gefühle klar geworden bist, geht es im
zweiten Schritt darum, sie der oder dem anderen gegenüber klar und
angemessen auszudrücken. Benutze dafür die »Ich-Form«. Sage beispielsweise: »Ich ärgere mich«, oder: »Ich freue mich.« Beschreibe den konkre-
ten Anlass für deine Gefühle, deine eigene Sichtweise auf die Dinge. Was
ist passiert, dass du dich so fühlst?

Vielleicht äußerst du in einem nächsten Schritt auch deine Wünsche,
wie die andere Person sich in Zukunft verhalten sollte: »Ich würde mich
freuen, wenn ...« Natürlich kannst du nicht voraussetzen, dass sich dein
Wunsch erfüllt, denn dein Gegenüber könnte ganz andere Gefühle haben
als du – und sie hat genau wie du das Recht darauf. Um dein Anliegen
deutlicher zu machen, kannst du nicht nur deine Vorstellungen, sondern
auch den Grund dafür ansprechen. Warum genau wünschst du dir etwas?
Was ist der Hintergrund? Ganz entscheidend für dein Standing ist es,
dass du ohne innerliches Schwanken über deine Gefühle und Wünsche
sprichst. Ohne Unsicherheit, ob dir das überhaupt zusteht.

Zugegeben: Einfach ist das mit der Selbstsicherheit nicht, und bis es klappt, kann es ein langer Weg mit einigen Rückschritten sein. Was dir auf deinem Weg helfen kann: Du kannst dieses für dich ungewohnte Verhalten wie eine Theaterrolle einstudieren. Tue so, als ob du (beziehungsweise die Figur, die du spielst) wirklich und wahrhaftig selbstsicher wärst – bis du es dann irgendwann tatsächlich bist. Lobe dich selbst für deine Fortschritte, und seien sie auch noch so klein. Lasse dich nicht entmutigen, wenn du aus der Rolle gefallen bist oder dich nicht gegen Provokationen durchgesetzt hast. Viel wichtiger ist, dass du es überhaupt versuchst, wieder und wieder.

Du kannst stolz darauf sein, dass du den Mut gefunden hast, etwas zu verändern. Dich selbst behauptest. Übung macht bekanntlich den Meister. Sobald dir deine neue Rolle in Fleisch und Blut übergegangen ist, kannst du dich an die höchste Disziplin wagen: Nein zu sagen, dich von anderen abzugrenzen – ohne dich dafür zu entschuldigen. Halte Blickkontakt, sprich laut und bestimmt und achte auf deine Körpersprache. Genau wie deine Stimme soll sie Entschlossenheit ausstrahlen und deutlich machen: Du meinst, was du sagst. Nein heißt nein – und nicht vielleicht!

Denke an eine vergangene Situation, in der du gerne selbstsicherer aufgetreten wärst. Wie würdest du dich in Zukunft gerne verhalten? Was strahlst du aus und was würdest du anders machen als bisher?

_____

_____

_____

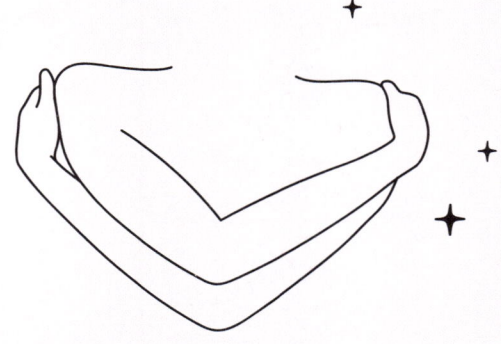

DU KANNST DIE MENSCHEN
UM DICH HERUM
NICHT VERÄNDERN,
ABER DU KANNST
VERÄNDERN,
WELCHE MENSCHEN
UM DICH HERUM SIND!

KAPITEL 8

DU ENTSCHEIDEST ÜBER DEINE ZUKUNFT

ÜBERS
ERWACHSENWERDEN
UND DIE ZUKUNFT

FRAG ANDERE
NICHT NACH DEM
WEG, WENN DU
ZU DIR SELBST
FINDEN WILLST.

DINGE, DIE ICH MIT 16 JAHREN GERNE GEWUSST HÄTTE

Menschen werden aus deinem Leben verschwinden: Akzeptiere, dass das Leben endlich ist und dass du jeden Moment mit einem geliebten Menschen wertschätzen solltest.

Lerne loszulassen. Wenn du merkst, dass dir eine Person nicht mehr guttut, dann ist es okay, sich von ihr zu trennen. Es ist auch okay, wenn dich jemand nicht mehr in seinem Leben haben möchte.

Finde deinen eigenen Weg. Ahme nicht andere nach oder lasse dich beeinflussen. Nur, weil z. B. alle studieren, musst du das nicht tun, wenn du nicht willst. You do you – höre auf dein Herz!

Arbeite in einem Beruf, der dir Spaß macht, und nicht in einem, der dir am meisten Geld bringt. Zeit ist das Wertvollste auf dieser Welt. Wir bekommen sie niemals zurück, deshalb wähle lieber einen Beruf, der dir Spaß macht.

Mach, was du möchtest. Es ist egal, was die anderen denken. Du wirst dich immer am wohlsten fühlen, wenn du du selbst bist und bleibst.

Deine erste Liebe ist sehr wahrscheinlich nicht die Person, mit der du für immer zusammen sein wirst. Liebe ist etwas Wunderbares, aber sie bleibt nicht für immer. Sei dankbar für diese Zeit.

Noten bestimmen nicht, wer du bist. Vieles von dem, was ich in der Schule gelernt habe, nutze ich heute gar nicht mehr, deswegen setze dich nicht unter Druck, wenn du mal eine schlechte Arbeit schreibst. Schule ist wichtig, aber nicht alles.

Nicht alle Menschen werden dich mögen. Wichtig ist, dass du dich selbst magst. Wir Menschen sind unterschiedlich und sammeln unterschiedliche Erfahrungen. Deshalb kann nicht jede*r jede*n mögen.

Die Welt zu bereisen, wird dich im Leben weiterbringen. Neue, unbekannte Orte locken dich aus deiner Komfortzone.

Du lebst nicht, um zu arbeiten. Geld verdienen ist notwendig, jedoch hat alles seinen Preis. Du zahlst mit Lebenszeit. Deswegen wähle deinen Beruf mit Bedacht und gönne dir ausreichend Urlaub.

Mit 18 bist du noch lange nicht erwachsen. Es gibt noch so viel zu lernen – es ist ein lebenslanger Prozess.

Oft ist alles mehr Schein als Sein. Vieles wird besser dargestellt, als es in Wirklichkeit ist. Behalte das immer im Hinterkopf, denn das hilft dir, dich weniger zu vergleichen.

Wenn du erwachsen wirst, wirst du mehr Ängste entwickeln. Achte darauf, dass sie dich nicht fesseln. Du bist nie zu alt, um etwas zu tun. Sei es, eine neue Sportart auszuprobieren oder in ein unbekanntes Land zu fliegen, dessen Sprache du nicht sprichst.Traue dich!

Du musst es nicht allen Menschen recht machen. Wir alle haben Erwartungen, aber wenn du etwas nicht möchtest oder keine Kraft dafür hast, dann ist das in Ordnung. Sage es laut und auf eine wertschätzende Art.

Es sind die kleinen Dinge, die im Leben zählen. Dein Leben steckt voller kleiner Wunder. Mache dir bewusst, wie besonders es eigentlich ist, dass du jetzt gerade in diesem Moment zum Bäcker laufen und dir ein Stück Kuchen holen könntest. Viele Milliarden Menschen können das nicht.

Dein innerer Schweinehund ist kleiner, als du denkst. Es ist so schwer, ihn zu besiegen, doch wenn du es einmal schaffst, wirst du sehr stolz auf dich sein und Schwierigkeiten mit mehr Leichtigkeit überwinden.

Du musst nicht immer 100 % geben, manchmal reichen auch 60 %. Immer 100 % zu geben, wird dich zu viel Energie und Zeit kosten. Es muss nicht immer alles perfekt sein.

Lerne, dich zu entschuldigen und auch Fehler bei dir zu sehen. Kein Mensch ist perfekt und jede*r macht mal Fehler. Dein Ego zu überwinden, ist eine Stärke.

Trenne dich von Menschen, die einen negativen Einfluss auf dich haben. Sie mindern dein Selbstwertgefühl und werden dich daran hindern, die beste Version deiner selbst zu werden.

Dein Handy macht dich süchtig. Ich wollte mir das selbst früher nie ein-
gestehen, aber es stimmt. Dieses Gerät stiehlt dir so viel Zeit. Setze dir ein
Limit für die Nutzung. Früher oder später wirst du dir dafür danken.

Du bist gut so, wie du bist. Du musst nicht einem Ideal entsprechen, um liebenswert zu sein. Du bist in jedem Moment deines Lebens gut so, wie du bist.

Jede*r hat seine eigene Wahrheit. Du solltest nicht von dir auf andere
schließen (siehe auch Seite 45).

WAS HÄTTEST DU GERNE FRÜHER GEWUSST?

Welche Erkenntnisse hast du gewonnen, die du gerne schon früher gewusst
hättest?

_____

_____

_____

_____

_____

_____

_____

_____

ERWACHSEN-WERDEN

Erwachsen werden, auf eigenen Beinen stehen und endlich mein Leben selbst in die Hand nehmen: Als Jugendliche konnte ich es kaum erwarten. Mit 19 Jahren war ich bereit, auszuziehen und zu arbeiten. Ich hatte große Erwartungen an dieses Leben, das doch so viele Menschen auch haben. Ich dachte: Das kann nur gut werden.

Wenn man erwachsen wird, wird man mit vielen neuen Problemen konfrontiert. Was die Erwachsenenwelt verlangt, ist für viele junge Menschen echt überfordernd. Plötzlich soll man mit Geld umgehen können, eine Steuererklärung machen oder Behördenformulare verstehen – alles Sachen, die wir nicht in der Schule lernen.

Ich stellte mich all diesen Sachen. So zog ich in eine andere Stadt in eine Einzimmerwohnung und ging an sechs Tagen in der Woche arbeiten. Nach wenigen Monaten kippte die Stimmung. Ich bemerkte, wie einsam ich geworden war. Nach und nach ging ich meinen Hobbys nicht mehr nach, verlor meine Energie und meine Freund*innen. Dieses 08/15-Leben passte doch nicht zu mir.

Schnell erkannte ich aber auch, dass es keine festen Regeln oder Stufen für das Leben gibt, die man abarbeiten muss, um genug zu sein. Erst die Ausbildung oder das Studium, dann Arbeit, dann kommen die Kinder und man baut ein Haus – das ist das Bilderbuchleben, das ich nie führen wollte. Wir müssen uns von der Vorstellung verabschieden, dass es nur ein »richtiges« Lebensmodell gibt. In Wahrheit gibt es viele unterschiedliche, aus denen wir das passende für uns selbst wählen können. Jeder Tag ist eine neue Chance. Erwachsensein bedeutet für mich, bewusst Verantwortung für mein Leben zu übernehmen und den Weg zu wählen, der mich erfüllt.

WAS BEDEUTET ERWACHSENSEIN FÜR DICH?

Schreibe in die Felder, was es für dich bedeutet, erwachsen zu sein. Welche Wünsche hast du?

Wo lebst du? In welcher Stadt und in welchem Land? In einer Mietwohnung oder einem eigenen Haus?

In welchen Beziehungen bist du? Bist du Single, in einer Partnerschaft oder Ehe, mit Kindern oder ohne? Oder möchtest du das offen lassen, weil das für dein Erwachsensein-Gefühl keine Rolle spielt?

Welcher Beschäftigung gehst du nach, womit verdienst du dein Geld? Und wie viel Geld wirst du haben?

Was tust du in deiner Freizeit, welche Hobbys hast du?

GELD MACHT NICHT GLÜCKLICH

Als ich noch zur Schule ging, träumte ich davon, irgendwann mal viel Geld zu verdienen. Eigentlich wollte ich immer einen kreativen Beruf lernen, Kunst oder Medien studieren. Mein Vater nannte das liebevoll die »brotlose Kunst«. Letztlich haben mich die hohen Studienkosten und die Ungewissheit, ob ich damit Chancen auf einen Job hätte und Geld verdienen könnte, davon abgehalten. Ich orientierte mich um und entschied mich für eine Abiturientenausbildung im Handel. Dort verdiente ich im Gegensatz zu anderen Auszubildenden ziemlich gut. Doch ich zahlte dafür einen hohen Preis: über 40 Stunden monotone Arbeit jede Woche, unbezahlte Überstunden, Mobbing, kaum freie Wochenenden und kaum Zeit für Freund*innen. Ich musste geradezu darum betteln, an meinem Geburtstag freimachen zu können oder Urlaub zu kriegen.

Wahrscheinlich halten mich viele Menschen aus den älteren Generationen nur für faul oder für ein Weichei. Aber ich weinte jeden Tag, wenn ich nach Hause kam, und brach irgendwann zusammen. Diesen Zustand würde ich für kein Geld der Welt wieder haben wollen. Gerade in Deutschland leben viele Menschen nur dafür, arbeiten zu gehen. Das ist kein erfülltes Leben. Ich beschloss, etwas für mich zu ändern. Nach zwei Jahren kündigte ich und machte mich selbstständig. Am Anfang lebte ich vom Ersparten und verdiente wenig, aber ich war noch nie so glücklich wie in dieser Zeit. Es war richtig gewesen, auf mein Herz zu hören.

Ich komme aus Mecklenburg-Vorpommern, wo kaum jemand reich ist. Keine*r aus meinem Umfeld hatte wirklich viel Geld. Unser Reichtum besteht vor allem aus einer glücklichen und gesunden Familie. Im Laufe meiner Karriere machte ich viele Bekanntschaften. Ich traf auf Menschen, die aus sehr reichen Familien kommen. So etwas kannte ich bis dahin nicht. Schnell erkannte ich, dass sie jedoch auch nicht die glücklicheren Menschen waren: Viele erzählten von zerrütteten Familien, davon, keine echten Freundschaften zu kennen, oder sogar von Vernachlässigung durch die immer abwesenden Eltern. Viele versuchten dann, diese innere Leere durch Konsum zu füllen.

Wenn man wenig Geld hat, könnte man denken: Geld ist die Lösung für alle Probleme. Es stimmt schon, dass Geld zu haben beruhigt und Sorgen verringert. Aber es ist nicht der Schlüssel zum Glück. Glücklichsein kann man sich nicht kaufen. Wenn man reich ist, wird Geld außerdem wertlos, denn man kann ja alles haben und nichts ist mehr besonders. Die Wahrheit ist: Man braucht nicht das teuerste Auto, die neueste Designerkleidung und das meiste Geld. Es sind die kleinen Dinge, die im Leben zählen. Geld ist nicht alles.

ÜBER DAS HEUTE UND MORGEN

Wie deine Zukunft aussehen wird, kann dir niemand genau sagen. In Bewerbungsgesprächen wird gern gefragt: Wo sehen Sie sich in zehn Jahren? Ich finde, das ist sehr schwer zu beantworten. Für mich ist die Erkenntnis wichtig, dass sich unser Leben von einem auf den anderen Tag verändern kann und die Zukunft ungewiss ist. Die Vergangenheit können wir nicht mehr ändern. Das Hier und Jetzt ist wichtig, du hast es in der Hand. Entscheide, wer du sein möchtest, und sei diese Person.

Früher habe ich mir sehr viele Gedanken um meine Zukunft gemacht. Schnell wurden daraus Sorgen und Ängste, dass ich an etwas scheitern könnte, was ich versuche. Ich beschloss, dass alles in meinem Leben aus einem bestimmten Grund passiert. So löste ich meine unnötigen Sorgen auf und machte mir bewusst, wie wenig Zeit wir auf dieser Welt wirklich haben.

Wo sehe ich mich in zehn Jahren? Ich hoffe, ich werde noch gesund sein und auch meiner Familie wird es gut gehen. Meine Zeit werde ich mit Dingen verbringen, die mir guttun. Vielleicht habe ich mir meinen langgehegten Kindheitswunsch erfüllt und habe endlich einen Hund. Und ich hoffe, dass auch du ein gutes und erfülltes Leben führen wirst und gern zurückdenkst an deinen Weg dorthin.

DEIN BRIEF AN DEIN ZEHN JAHRE ÄLTERES ICH

Schreibe einen Brief an dein zehn Jahre älteres Ich! Sage dir, wie dein Leben gerade aussieht und was du dir für deine Zukunft wünschst. Verstecke dann den Brief so, dass du ihn erst Jahre später wiederfindest. Du wirst erstaunt sein und dich freuen, von deinem jüngeren Ich zu lesen!

Liebe*r _____

_____

_____

_____

_____

_____

_____

_____

_____

_____

_____

DANKE!

Zum Abschluss möchte ich all den Menschen danken, die mich auf meinem Lebensweg begleitet haben – vor allem denjenigen, die mich so lieben gelernt haben, wie ich bin. Ihr habt mir gezeigt, wie ich aus einer vermeintlichen Schwäche eine Stärke machen kann. Ohne euch wäre ich nicht der Mensch, der ich jetzt bin. Danke an meine Familie, meine Freunde und an mein Team.

Auch danke ich denjenigen, die es nicht gut mit mir meinten: Durch euch habe ich erkannt, wie stark ich bin.

Und zu guter Letzt ein großes Danke an dich! Danke für die Zeit und Aufmerksamkeit, die du deiner mentalen Gesundheit gibst und somit besser auf dich selbst achtest. Du bist und du warst schon immer gut genug. Pass auf dich auf <3!

ÜBER DIE AUTORIN

2018 startete Nadine Breaty als Creator auf TikTok – und setzte zu einem einzigartigen Erfolgslauf an. Vier Jahre später ist die Rostockerin mit der weißen Haarsträhne und den hellen Hautflecken – Folgen der erblichen Pigmentstörung namens Piebaldismus – die größte Solo-TikTokerin Deutschlands. Diese vermeintlichen Makel machte Nadine zu ihrem Markenzeichen und wandelte damit Schwächen in Stärken um. Mehr als 10 Millionen Menschen verfolgen ihre Social-Media-Kanäle. Dieser Reichweite ist sich die 24-Jährige bewusst. Sie legt großen Wert darauf, ihre Community für Themen wie Mobbing, psychische Gesundheit und ihre Borderline-Persönlichkeitsstörung zu sensibilisieren.
Dank ihrer eigenen Erfahrung in der Bewältigung dieser Herausforderungen schafft sie es heute, anderen Menschen in ähnlichen Situationen Mut zu machen und ein Vorbild für die Gen Z zu sein.

ONLY KIND OF BROKEN.
EIN MUTMACHBUCH FÜR ALLE SEITEN IN DIR.

1. Auflage

© 2023 Community Editions GmbH
Weyerstraße 88–90
50676 Köln

Texte: © Nadine Breaty
Layout, Design & Satz: BUCH & DESIGN Vanessa Weuffel
Projektleitung: Sarah Völker
Redaktionelle Unterstützung: Julia Siegers, Ulrike Bremm
Lektorat: Bettina Bergmann

Fotos: © Iris Häberli: Autorinsticker auf dem Cover, S. 5 | © Nadine Breaty: S. 29 & 190

Illustrationen:
© BUCH & DESIGN Vanessa Weuffel: kleine Sternchen | © Iris Häberli: Cover/ Umschlag, S. 11, Schmetterling, Pilze,
farbige Rosen, farbige Gänseblumenblüte | © Nadine Breaty: S. 37, 43, 71, 163, 171

stock.adobe.com: © Aloksa: S. 133, 147 | © egudinka: S. 49 (Schnur) | © Elena: S. 20–21, 30–31, 51, 53, 67, 85, 99, 153,
157, 187 | Franzi draws: © S. 22–23 | © julymilks: S. 19, 44 | © madiwaso: S. 13, 33, 63, 83, 117, 145, 161, 179 |
© Marina Zlochin: S. 122, 125, 131 | © Oleksandra: Blumen auf S. 14, 103, 115, 139 | © Sugey Ilustra: Blumen/Pflanzen
auf S. 16–17, 77, 140 | © Tanya: S. 88, 109 | © VladyslavaTashkinova: S. 177 | © tati_gavrish : S. 49 | © Vectoressa: S. 40

Gesetzt aus der *Bliss Pro* von Jeremy Tankard Typography, *Catchy Mager* von Zamroni Hamzah,
Just Saying von Nicky Laatz und der *Larosa* von NEWFLIX.Bro.

Gesamtherstellung: Community Editions GmbH

ISBN 978-3-96096-952-5

Printed in Poland

www.community-editions.de